2001ぼくがSAPPOROへ飛んだワケ

——札幌移転20周年記念

遠州　まさき

［挿画］　遠州　千秋

はじめに

２００１年の春、私は札幌へ転居しました。

イチロー選手が、大リーグ挑戦に向け海を越えたのと、たまたま同じタイミングにもなりました。

以来、丸二十年が経過し、とうとう記念すべき年を迎えることが出来ました。

私事となりますが、思えば二十歳で憧れの上京を果たし、紆余曲折、迷い道をクネクネしながら、四年後、後に古巣となる劇団の門へようやくたどり着き、裏方業を歩み、四十代後半までを東京で過ごしました。

その私が、愛する劇団を去って、今度は郷里の仙台を飛び越して、いきなり北の大地でのあらたな人生へと踏み込んだこと。—それ自体、ユニークであると自認する一方、そんなことがやれたのも、相当に無謀なマインドに支配されなければ実現し得なかった、と半ば冷や汗もので「自分史」をふり返る今日この頃です。

という訳で、この二十年目に、これまで私の歩みを支えて下さった方々に、私なりに感謝を込めて捧げる何かが出来ないものか、そう考え続け、出版という作業に着手した次第です。

この二十年、札幌での仕事、生活を支えて下さった方々。郷里の家族、友人の方々。そして何より、未知の札幌へ単身跳べるだけのキャリア（経験）を培うのに、現場を通じお世話になった皆さま。東京から札幌へ、その実り多い体験の記録を、一冊に込めてみました。

どうぞ、ページをお開き下さい。

目次

JUMP

STEP

HOP

旅のレッスン―文学座 無二の日々

悲花春―杉村春子先生を送った日―

旅のレッスン（1986〜1991）

森へ行くノート（1992〜1997）

杉村春子先生と
「怪談牡丹燈籠」地方公演
1986年7月26日 飯塚文化センター楽屋前

悲花春 ―杉村春子先生を送った日―

一九九七・三・十五（土）

一日一日、一年一年、そしてその時その時が、人と人とにとってどれ程貴重で大切な時間かを、いま改めて思う。

昨日、劇団の取締役Uさんに会議室へ呼ばれ、新しい制作部長のDさん、総務のTさん、文芸部のIさんと僕の五人の間でだけ、入院中の杉村先生の容体が急変し、今日、明日に息を引きとられても仕方のない状態であることが知らされ、亡くなった際に関しての日程や応対、六十周年パーティの中止や劇団葬のこと等、それらの基本内容を打ち合わせた。

今朝、明け方の雨の音でぼんやり目が覚め、濃紺のまだ暗い空を仰向けの姿勢で見たりしながら、今度はうつ伏せになり、考えるともなく、杉村先生のことをあれこれと思い出した。…僕が書いた作品をアトリエで御覧になって、終演後、演出部後輩のK君を通じて、「これからも本を書き続けて下さいね。」とのメッセージを下さったこと。かと思うと、四年前、―演出部の部長になり、ローテーションやら何やらの雑務の嵐でまいってた時期、森屋の前で通路まではみ出た材料の山にウンザリしながら一人で片付けていた時、先生が近寄って来て「誰かが先頭に立って引っ張って行こうと頑張れば、皆付いてくると思うの。」と激励して下さったこと。（作品を書くことと、チームを組織して引っ張って行くことの両立の困難さを思うと、気は重いが…）

蓼科の先生の別荘に招かれ、養女のH子さんと、演技部のO君、付人をよくやってるAちゃん、不思議なメンバーで休日を過ごした夏の夜。―先生がアフリカへ旅行されて野宿した時、夜中ゴソゴソ近くで何やら音がするから、何だろうと思って見たら、ゾウが何頭か湖に水を飲みに来た。「―水を飲み終わったら、また来た方へ帰って行った。私、あの景色がとても忘れられないの…。」と仰ったこと。断片的な先生の言葉と声とが思い出され、何とはなし、布団の上に正座し、杉村先生への感謝と、これからの劇団と自分の人生への思いと、おつかれ様と、お別れとを、祈る様な気持ちでした。

…中学の頃、東芝日曜劇場に出演してらして、母が「死んだ母さんと表情が似ている。」などと、村杉先生の「下町の女」だの何だの、笑い転げたり、涙ぐんでたりしてた頃から、たぶん縁というものはあったのに違いない。あれ程、十代には、劇団Mへ行きたかったのに、何故か文学座へ入った事も。

僕と家族にとって、もう決して失うことのない財産として、いつでも人間を愛せる気持ちにさせてくれる存在として、村杉先生のことを、僕の生涯の中心に刻もう、と思う。

共に旅してこその労と幸
重ねてこその親と和
教わった二十年…

（朝　北新宿　自宅にて）

四・一（火）

劇団社長のUさんと「Xデー」の会場、人配等について、簡単な打ち合わせ。

容態の危険を知らされてから、半月以上頑張って頂いているおかげで、アトリエ公演も今日無事に千秋楽を迎えることが出来た。村杉先生の劇団と座員に対する愛情の深さを、こうしたところに感じる。

誤植のお知らせとお詫び

遠州まさき著『2001ぼくがSAPPOROへ飛んだワケ』の中に、次の誤りがありました。

P.10　6行目／10行目／20行目
P.11　2行目／7行目／17行目

「杉村先生」が、「村杉先生」となっておりました。

当初、著者の原稿では、本来個人的なノートであった為、全て「S先生」と表記していましたが、出版にあたって、読者の皆様により解りやすいようにとの判断から、「S先生」から「杉村先生」への表記とすることとしましたが、上記の6ケ所について、「村杉先生」との誤った表記となってしまいました。

ここに深くお詫びしますと共に、何卒ご容赦頂きたくお知らせ致します。

2021年11月

かりん舎

「散歩道発見」1997年10月　写真：遠州まさき

例年より十日以上も早い桜の開花—青空とさわやかな風の下での満開の花々が、何とも痛いほどに、村杉先生そのものに思えて仕方がない。

（午後　神宮外苑にて）

夜。—アトリエ公演の打ち上げ終了。いつもの森屋がM君達の勉強会で使えないこともあり、アトリエの地舞台にそのまま畳敷きを敷き、テーブルを並べ、作家のBさん、夫人のKさん等を囲み、いつもより大勢の制作部員、勉強会組も参加し、本当にアットホームないい打ち上げが出来た。

村杉先生のことについて、劇団では幹事と各部の部長以外には知らされていないのだが、打ち上げで帰る人、二次会へ行く人、それぞれと別れ、信濃町から大京町、四谷四丁目、いつもの自転車の通勤コースを、無事終わった安堵感と、打ち上げの興奮とでグングン進むうち、何故だか先生への感謝の思いがいっぱい込み上げて来て、涙が溢れ出して止まらず、家へ帰り着くまでの二、三十分、ペダルをこいだ回数だけ泣けて泣けて困った。

四・二（水）

朝、八時過ぎ、「いよいよ今日の夕方にもダメらしいので、よろしく。」とUさんから電話。十二時、アトリエに着くと、約束の二時より随分早くS工務店のトラックが着いていて、焼却炉まわりのセットの残骸の山を片付け始めている。森屋で仕込中の勉強会組を集め、「皆さんには知らせないで来たが、村杉先生がそういう状態なので、亡くなられた際には、ここを弔問客の待合室にせざるを得ないので。」とつらい協力要請。アトリエでバラシ。頼みの研修科一年生はほとんど旅公演中なので、余り作業の勝手も知らない新研修生のほとんどを集め、「密葬会場」の基礎を仕込む。いつもに較べ、アトリエの外も中も隅々まで片付けるので、何も知らない新研修生の何人かから「これは何の仕込ですか？」と聞かれ、「女の一生用だよ」とウソをつき通す。

夕方、有事に際しての最終打ち合わせ。会議室で演技部のTさんと劇団員名簿を見ながら、受付、入り口、案内、交通整理等、各役割の人配、「仮通夜」「密葬」の仕込、集合時間等が全て判るよう、レポート用紙一枚にまとめ、事務所で拡大コピー。

四・四（金）

午前一時近く、演出部長Kさんから「いま亡くなりました。」と電話。「判りました。」と切り、タクシーを拾ってアトリエへ。事務所で何人かと手分けし、座員全員に電話。

―あと一時間で、病院から御遺体が到着するとの事。養女のH子さんの願いで、先ずアトリエ裏の御自宅のベッドに二、三十分寝かせてあげたい、とのことなので、演出部のNさんやTさんと先生の御宅へお邪魔し、先生のベッドまわりを掃除した。マルチーズのジャックが、人が来たうれしさで駆け回る中、先生の身の回りのお世話をしていたオバさんにすら掃除させず先生御自身で掃除していた、というベッドまわりを片付けた。沢山の方から頂いたに違いない手紙、ハガキ、本、人形、置物、写真、お菓子の缶。テーブルの下の、赤い絨毯に積もった綿ボコリにまで、―捨てることがお嫌いで、忙しかった先生の私生活的なものを見、触れ、呼吸した気がした。

到着した御遺体を御自宅へ運び、柩を森屋二階へ安置。明け方過ぎてから、アトリエ二階の演出部の部屋で仮眠。朝九時過

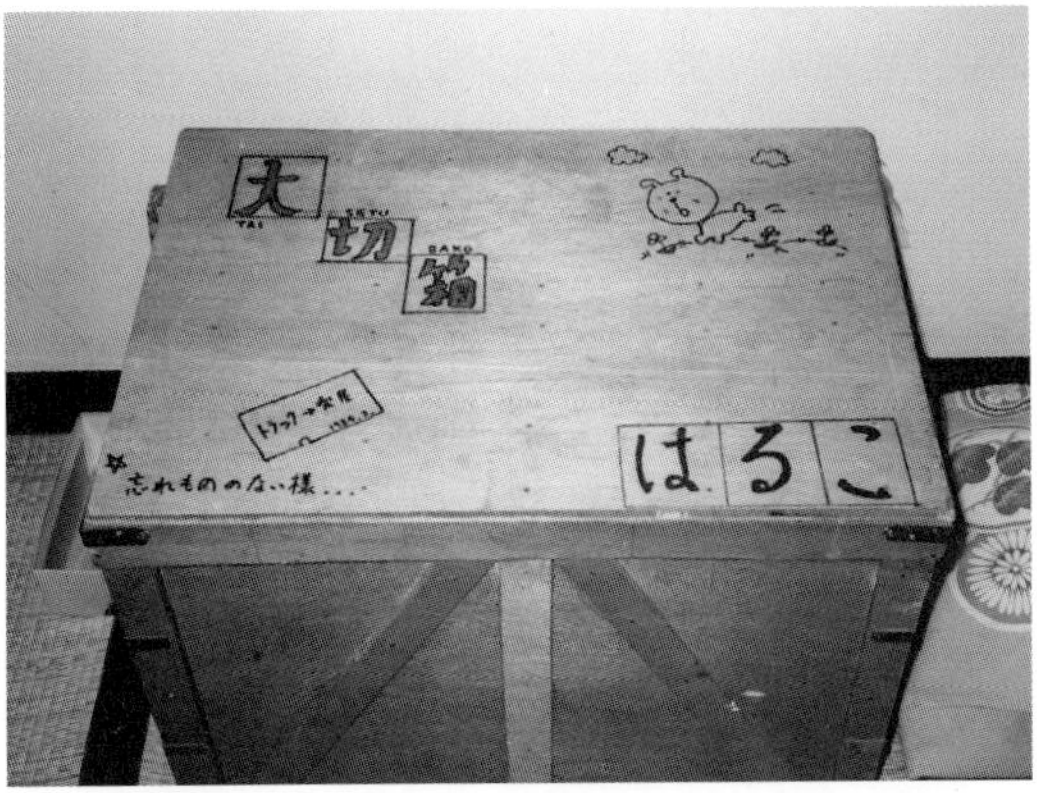

はるこ大切箱

ぎから葬儀屋さんたちによる「密葬」の仕込が始まり、昼過ぎ、祭壇のお花の飾りつけが始まると、Uさんに呼ばれ、—午後三時から新聞、テレビの記者、カメラマンたちをアトリエに入れるが、君には、この祭壇はどういうイメージで作ったか、デザイナー的な説明を彼らにして欲しいので考えてくれ、と急な注文。

照明の仕込も何とか間に合い、昨年秋、演技部のM君が撮影したスナップ写真を採用した遺影についてをDさんが、そして本当はお花屋さんが並べた祭壇について、僕はさも自分がデザインでもしたかのような紹介のされ方で、マスコミの方達にこう説明した。

「先生の生涯自体、見事な大輪の花のようですが、御自分でも花が好きで、色紙にもよく一文字、花とお書きになっておられた。けれども、いまこうして先生が歩んでこられた毎日というものを思い起こすと、先生は、一回一回の舞台、一本一本の作品、一言一言の台詞、一つ一つの間や所作、それらをどうやって御自分なりの花として仕上げるか、苦労を重ね、努力を続けられる、そうした日々で今日までやってこられた。その先生が、今は、洋ものも和ものも（ラン、キク、バラ、カーネーション等）御自分で咲かせた数々の数えきれない花々に囲まれている。そうして、先生を愛された沢山のファンの皆さん、仕事のお仲間、お友達、我々後輩の、尊敬や感謝や親愛に包まれている、—そんなイメージかと思います。」

四・六（日）

雨。「密葬」、お別れ、初七日、無事終える。御骨になった先生への焼香を終え、H子さんにおつかれ様の挨拶。「おかげ様で、スギムラが望んだ通りにして頂いて。」と御礼の言葉を頂いて、H子さんに喜んで頂けたのが、何よりうれしかった。

座員の労をねぎらい、アトリエではビールや寿司など出されたが、僕は疲れ切って気分が優れず、二階の応接間のソファに横になり、夕方まで寝た。研修生のK君が、いつの間にか毛布をかけてくれる。

六時。座員解散。起きて最終的な片付けをし、女優のA君から勧められるまま、白のカーネーション、バラ等、頂いて帰り、自室に飾る。

四・七（月）

「野分立つ」の荷出し、M劇場搬入のため、錦糸町のSPスタジオへ。着到してすぐ、お茶場のソファで音響プランナーのFさんが煙草を吸っておられるので「昨日の密葬のBGMを、全曲アニー・ローリーに編集換えしたのは、大正解でしたね。」と声をかけると、「そうだろ？　五つくらいのヴァージョンをひと晩で揃えるの、大変だったよ。」と子供みたいに目を細められた。―Fさんは、「仮通夜」のあった五日、真夜中一時過ぎまで演出部の部屋で徹夜組の僕らとビールを飲んでいたが、バロック調のクラシックでまとめたBGMがどこか気に入らない、とブツブツ言って、M先輩とTEOへ泊まりに帰った…。

劇団のスタッフはあたたかく、皆芝居が好きだ。

四・九（水）

杉村先生が最も大きく花ひらいた時期に、先生の舞台を幾つも御一緒し、旅をし、暗転で手を引いたり、袖でオシャベリしたりしたこと、これを僕の人生上の「至上の幸福」と呼ばずに、何と呼べばいいだろう。

杉村先生の素晴らしさは、おそらく僕がいま抱いている気持ちと同じ気持ちを、先生と関わった誰もが、深く抱いているに違いないということ。（先生より先に亡くなられてしまった俳優、スタッフの皆さんも含め）それ程、誰からも誰からも愛されたということ。

僕はだから、僕が先生から受けたものを、僕なりに一所懸命守り、育て、作品に高めようと努力を重ねるだけだ。

母が生まれた前の年からずっと舞台に立ち続けたこと、立ち続けること以外考えぬまま、大きな大きな未完成が残された。先生はだからいつまでも終わっていない…

「ウェストサイドワルツ」旅公演　杉村先生、床山山田さんと 1985

旅のレッスン（1986—1991）

伊豆沼にて母　弟と

1986年33歳

タイガース日本一の翌年。

座員昇格から4年目となり、前年には三越劇場公演「芝居—月もおぼろに—」で初の演出助手に抜擢されるなど、座内の風も背中を押してくれた時期。—主に舞台監督助手として小道具係など担当する傍ら、劇作の夢を追い始めた、そんな頃。四十代半ばの若い叔父二人が、三ヶ月間で続けて亡くなる、という出来事が起き、自分自身を根本から見つめ直す日々が訪れた…。

【主な仕事】

○文学座・松竹提携公演
サンシャイン劇場＋地方公演
欲望という名の電車（2月～5月）

○紀伊國屋ホール公演
ニコライの鐘（5月）

○文学座・三越提携公演　三越劇場＋地方公演
怪談牡丹燈籠（7月～10月）

○文学座アトリエ
さらだ殺人事件（11月）

○俳優座劇場
夢夢しい女たち（12月）

※以下、文学座に関することは「文学座五十年史」、「文学座史（1987-1996）」より引用

「遠くまでゆく歳月、そして忍耐」

森　有正　『バビロンの流れのほとりにて』

'86・1・1

創作「憧れ」について。自分の問題から整理し直してみる必要があるだろう。帰郷が僕に与える実感、僕と結婚、恋愛ということ。

仙台では、朝気温が低いため、何か身体の奥までがミシミシ音を立てて来そうな感覚がある。考えねばならぬことが、そのきしみに向かって収斂して行くような…。僕は、自分の存在に目覚める。

昨夜は、「死」を思った。自分はあと何年生きられるか、そんな逆算が、人間には出来るということ。そこに改めて自分の「生命」を知った。

雑誌〝研究班〟にFさんが書いておられたことに関連するが、僕らが演劇で描かねばならぬのは、〝不条理な空間に現出される「存在」としての我々〟であるのを越え、一人一人の「生命」といったものが、ありのままの現実と共に新しく感覚される、そんな世界ではないのか？

「私」ということ、今、こうして生きている〝私〟の実感、この現実と向き合う時、もっとも素直に感覚される実感。…作品と自分とが直結しつつ、緩やかに、だが加速度的に、世間に向かって開いていく姿勢…。

（仙台にて）１・２

伊豆沼にて、両親、弟と四人して、白鳥を観る。幸福、感動、それは持続する時間としてあるのでなく、その瞬間瞬間にあるのだと分かる。

世の中に白鳥という生き物がいること、頭上を飛行する彼ら、アンデルセンの想像力…。自然は素晴らしい。

帰りはW町のK子叔母の店へ寄ったが、誰もが先ず自分自身を救わねばならない、と思った。

1・3

結局僕は、チェーホフへ帰る。生活的なあの時間が、あらゆる出発点と思える。チェーホフ的な時間の中に、ある意志的でダイナミックなものを潜ませること。当然の痛みはあるが、生きてる故により生きようとさせる見えない〝種子〟のようなもの…。それはいつも「触れる」ことから獲得出来ないか？　ある人の心に触れる、あるいは自然に触れる…。具体的に「触れる」空間。「生活」そして「心」そのものに。

2・14

大阪三越劇場にて、イタリア映画「カオス・シチリア物語」観る。

——ある一本の作品と接するということは、他のあらゆる作品と接し直すということなのだ。そうした意味で、作品とは、鏡の様なものだ。そしてある一つの作品と深い関わりを持つためには、必ずデッサンやシナリオや楽譜に戻ることなのであって、そこで自分なりに再創造が出来た時に、本当の「批評」や「研究」が為されたということに違いない。

＊この日の夜、奈良のH兄宅へ一泊。TV「ニュース・ステーション」を兄一家と観ている最中、仙台の実家の母から電話「茅ケ崎に住むT叔父が、今朝、辻堂駅のホームで通勤電車に巻き込まれ死んだ…」との知らせ。

＊昨年暮れのH叔父の急死に続く訃報に、兄と二人信じられず愕然としている時、TVでは、キャスターの久米宏が、「今朝、神奈川県の辻堂駅のホームで、銀行員が飛び込み自殺…」と報じた。

＊T叔父の住まいでの、涙ひとつ出ない葬式。畳を睨みつけ「俺はまだ死なない…」と呪文のように繰り返し、内側から沸き起こってくる何ものかへの怒り、その「生命力」そのものが「悪」と一体になっている、と感じられたこと。お別れすら出来ない遺体を送る時、身を切るような寒さの中で、葬儀屋がハトを飛ばす儀式をした時、「あのハト一羽、一羽に値段がついている」と思って、人間がたまらなく卑しいものに感じられたこと。

9・15

「淋しさ」と「孤独」の違い。

「淋しさ」は、自分で自分が支えられない感覚。「孤独」は、自分で自分を支えている感覚。

（昨夜、夜の犀川を散歩して　金沢にて）

12・18

朝、物凄い豪雨。

森有正「パリ随想・しめくくり」を読んで。

――大切なのは、生活をするということだ。デタラメな生活からは、デタラメなものしか生まれない。

「かもめ」旅公演　青函連絡船　松本克平さんを囲んで

1987年34歳

国鉄民営化始まる。

文学座は劇団創立50周年を迎え、記念公演が9本並び、フル回転。2月劇団総会で、毎年演出部員に贈られる座内賞のT氏賞初受賞。別役実、チェーホフの2公演で演出補を担当。旅公演、本科卒業公演、新作の稽古進行…と多忙な現場の連続。その隙間に、創作、身近な出来事、旅先での特別な時間、等々と向き合う。

【主な仕事】
○地方公演
夢夢しい女たち（2月）
華岡青洲の妻（3月、4月）
○紀伊國屋ホール＋地方公演
ジョバンニの父への旅（5月、6月）
○文学座アトリエ
THE MERCHANT（6月、7月）
○三越劇場
歳月・ふりだした雪・彌太五郎源七・遊女夕霧（8月）
○サンシャイン劇場＋地方公演
かもめ（10月〜12月）

1987・1・30

Sちゃんのお父さんが亡くなった。為すべきことを、全て為し遂げてしまわれたのだろうか。新築した店を見ずに去ってしまわれたことは、何か、喜び、満足、人生の〝うま味〟等とは、一切縁のないところで生きられた方なのだ、という事を物語っているような気がしてならない。――ラグビーのボールを、次の者へ確実に手渡すためにのみ生きられたような人生。Sちゃんのお父さんの忍耐力は、この世に何かを求める、という次元を遥かに越えていた。「安祥院法覺日重居士」

2・17

高野山へ行く。

電車の待ち合わせ、雨音、車内の静寂、動き出した時の感動…。自然の営む時間、生活の時間、二つの時間が一致していることの味わい。

ふと、久保田万太郎「雨空」で、隣の家の庭で鳴いてる虫の音を聞く場面を思い出す。

2・21

兄の家へ泊まる。浄瑠璃寺へ行く。

―創作「憧れ」との関連。たとえ兄弟と言えども、他の地、他の仕事、異なった家庭環境で生活する人について、簡単に指摘する事は出来ない。他人の家庭は、ひとつの異なった文化のようなものだ。自分の尺度で捉えるのでなく、先ず素直に触れてみることだ。

3・22

渋民、「命の森」、啄木歌碑。

レストラン啄木、ショッピングセンター啄木、啄木そば、啄木生誕記念テレホンカード等、啄木の〝ご利益〟はあちこちに見られたが、もうこの土地に啄木はいない、という実感の方が強かった。

12・10

札幌にて、本郷新・彫刻美術館、記念館観る。

中東戦争等、罪もなく戦火に巻き込まれた人々の悲惨を訴えた「無辜の民」と再び接する。十七年前、仙台で観た時と同じ感動を覚えた。—アルジェリア出兵の若者の命を救ったサルトル、スーザン・ソンタグの「ハノイで考えたこと」と同様、今現に自分が生きている緊張、意味のない悲惨な死、戦争を引き起こす権力者への怒り、それらの感情、その時、その瞬間の感性が、そのまま彫刻の中に生き、持続していることに、激しいショックを覚えた。—生きている時は限られている。

（唐招提寺・新宝物殿で感じたのと同じ衝動・・・。）

「好色一代女」佐渡公演　帰りのフェリーで

1988年35歳

リクルート事件発覚。

文学座は、主力男優陣（演出・江守徹、出演・北村和夫等）の公演で始まり、主演女優（平淑恵／太地喜和子／杉村春子）の三公演が続いた。再演作品で演出助手、新作公演で演出補を担当、また舞台監督チーフ助手として二つの公演に就く。二つのポジションが定着、チームの牽引役負う時期へ。

【主な仕事】

○文学座・パルコ提携公演
パルコ劇場＋地方公演
グレンギャリー・グレンロス（2月、5月）
○紀伊國屋ホール＋地方公演
夢夢しい女たち（6月、7月）
○文学座・三越提携公演　三越劇場＋地方公演
好色一代女（8月〜10月）
○紀伊国屋ホール
煮えきらない幽霊たち（11月、12月）

'88・1・10

「思い出のチェーホフ」「三人姉妹」―僕にとって忘れられない宇野重吉・演出。

4・14

哲男叔父死去。

―僕は、まだ若い、身近な人の「死」には、とことん鍛えられた。驚きや悲しみよりも、そうした襲い来る〝死〟へ立ち向かう、強く柔軟な精神の必要性を感じる。それを身に着けることが、僕の仕事の目的でさえあると思う。

空盛光院哲應浄運居士

6・1

何かを極めるのに、便利な方法、近道など無いだろう。基本的な方法に従って、毎日少しずつ積み重ねる。それ以外にないだろう。―自分の方法、等というのも、結局そこからしか生まれ得ないだろう。

6・4

〝マハーバーラタ〟観る。登場人物一人一人が、その人物に固有の「運命」に支配されているということ。

「チェンジングルーム」出演者と　飯田市大平合宿

1989年36歳

昭和から平成へ。

文学座は、劇団を代表する演目「女の一生」公演（2月〜4月）。それに並行する演目で、地方公演、アトリエ公演に就き、6年前アトリエで好評を得、紀伊國屋公演となった演目、またバブル狂乱を風刺した新作（演出・江守徹、主演・杉村春子）で演出補を担当。創作を続けながら、旅公演での様々な出会いを重ねる。

【主な仕事】

○地方公演
煮えきらない幽霊たち（1月〜3月）
○文学座アトリエ
春のめざめ（4月）
○紀伊國屋ホール＋地方公演
チェンジングルーム（6月、7月）
○文学座・三越提携公演　三越劇場
宵庚申思いの短夜（8月、9月）
○文学座・松竹提携公演
サンシャイン劇場＋地方公演
億の奥（10月〜12月）

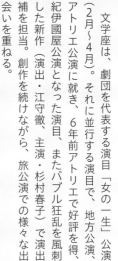

1・1

夕方、雪のちらつく広瀬川沿いを散歩、いつか感動した水鳥たちが、この冬も同じ姿で川面に寄り添っていた。

自然は変わらない。だが、僕の内面は、大きな変化、―根本的な変化を遂げなければならない、その自覚に支えられ、以前のような、受動的な感慨は起こらなかった。

河原町を通って帰る道道、子供時代とは変わり果てた街並みの、寒々とした景観に囲まれ、これも街全体が、何物かへ生まれ変わろうとする過程なのだ、と思えた。

〝感傷の輪〟を抜け出ること。―そんな言葉が。幾度も僕の内部で繰り返され、新たな作品へ向かう意志が、確認された。

感傷を選ぶか、現実を選ぶか、―勝敗は分かっていながら、容易に真の大人への第一歩が踏み出せないヒロイン、彼女を突き放して見なければならない。

1・2

広瀬橋を渡り、長町駅前まで散歩。暮れかかった青空、雲が夕日で朱色に染まり、暗い色調の中にも鮮やかな光をたたえ、身体の奥深くまで染み込むようだった。無表情に、だがこの孤独に微笑んで、本当にやるべきことをやり遂げねばならない。今は、慰めてくれる者を欲してはならないし、自分の〝無力さ〟や〝未熟さ〟あるいは〝愚かさ〟に対しても、責めることに終始せず、素直に受けとめ、耐える時だと思える。一体誰が僕を救えるだろう。ただ自分自身で乗り越える以外にしかたがない。現在の自分を冷静に見据えるもう一人の自分をこそ、側へ呼ぶべきだ。

「隣りの女」の映像一つ一つに、F・トリフォーの、ある醒めた眼差しを感じるように、この一日の時間の流れを、自分の判断の速度で捉え、ゆっくりと巻き取って行かねばならない。悲嘆の種は、底なしだ。だが、意味無く悲しみに暮れる程に、時間は余ってはいないのだ。誰も呪わぬことだ。自分すらも。

夢を描こう、遠くへ。そのための、わずかなつまずき、わずかな苦しみと思い、飽きることなく、続けよう。

3・7

朝、平和公園を散歩、―冬の寒さが、突然目覚めたように、ぶり返す。

原爆の子の像の千羽鶴、原爆資料館へ入って行く子供たち、平和の鐘をつく人…。よくも破壊し、よくも復興し、豊かな川の水、繁華街、その歳月―。

原爆ドームの前に立ち、碑文を読む。「旧産業奨励会館の真上六百メートルで、一個の原子爆弾が爆発し、二十万余の生命が、一瞬にして奪われた」と記されている。原爆ドームのすぐ脇に、一本の太い樹が、冬の裸の枝を空へ伸ばしている。

―破壊と生命と。この樹木の存在は、一体誰がもたらしたものか。「戦争責任」「戦争犯罪」―だが、この目の前のドーム、樹木の意味を、明解に説く言葉など、存在しないのではないか？

―ただ、あえて言おうとすれば、今、自分がこうして生きているこの感覚、そこに言葉を与えようとして、絶句せざるを得ない、ある重み。

原爆で失われた人々の「生命」と、自分のこの「生命」と、「もの」として、それが違おう筈がない。

ジュリアン・グリーンが、小説「ヴァルーナ」の結びで語っている言葉を、思い出す。

「自分のあたまの中に、人類全体が納まっている…。生きるということは、自分一人が孤独に生きるのでありながら、同時に、人類全体を生きるということ…。」

――エルサレムへ行く必要は、無いかも知れない。けれども、アウシュヴィッツと、原爆ドームの前には、いつか一度、立ってみるべきだ、と思えた。

（ヒロシマにて）

6・25

兄と姪との三人で、室生寺へ行った。有名な五重の塔から奥の院までは、彼らと離れて歩いた。清水寺を小型にした様な位牌堂の裏手に出て、木目のザラザラした手すりに触れ、眼下の深い木立を眺め、何とはなしに、ふと、人間を根本的に支えるのは、「意志」と呼ぶようなものだけだ、と思った。もうハッキリしたことだ。あれもしたい、これもしたい、様々な願望にとらわれず、本当にやるべきことをやること。そんな〝決意〟を再確認した。自分自身へ帰ること。そこに落ち着くこと。経験は、必ずそこからしか始まらない。

（夜　京都の地下鉄の車内）

6・27

「ものを見る」

僕らは　与えられた生命に過ぎない
飛鳥時代　僕らの祖先の誰かが
赤松にノミを入れ　「国宝第一号」の像を彫った
それから何年　何人の人が　この像の前に座り
こころを交わしたことだろう

石垣島の海で　サンゴが造られる時間
広島の街が　焼け跡から復興するまでの時間
北京の天安門広場で　再び自由な討論が交わされるようになるまでの時間

生命は　じっとしてる訳には行かず
生命は　働かぬ訳には行かず
生命は　殺さぬ訳には行かず
生命は　叫ばぬ訳には行かず
死と同じ永遠の時間の中で　何度となく生まれ変わる

花屋で花を見る
すると　何千年　何万年と　一個の種子に宿った生命が
生命から生命へと　一本の花に　一時に咲き現われるのを見る

「ミロクボサツサマは　シャカの死後　五十六億七千万年の後
地上に現われ　それまでのあいだは　この世の人々をいかに救おうか
瞑想しておられるのだ」と説明があった

この像の前で　誰が何を思おうと
救われようと　励まされようと
たった一個の生命に宿った感情の変化とは無関係に

彼は　ただひたすら瞑想に耽っているのだ
と気付いた時
僕は　彼の持つ時間の　永遠なのを知った
彼はおそらく　こころを迷わさず　孤独に
ただ　僕らはどうすれば救われるのか　思い続ける

彼が引き受ける生命の　何という数
だが　生命は　彼の微笑の前で　ひとつだ
そして　与えられた生命が　生命を与えたものと触れ合う
そんな気がした時
本当に　ものの姿が見えたような

（広隆寺にて）

11・2

朝。昨日観た高田公園「彫刻のプロムナード」にあった、船越保武氏の、若い女性の胸像〝ＬＯＲＡ〟を思い浮かべる。午後から夕方まで、高田の町全体の素朴な美しさの印象の中で、船越氏の像だけが、自然そのものと正面から向き合う、意志的な人間の姿勢を思わせた。１９８０年の作品というから、もう十年が経過するにもかかわらず。風雨に晒され、誰かが触れたに違いない汚れがあるにもかかわらず、理知的な額、髪の毛の生え際、細いほほ、キュッと笑みを結ぶ口元、等、船越氏が、アトリエでモデルと向き合い、粘土を、生きた人間の像へ変えて行く時間そのものが、静かな公園の冷気の中で、停止したまま、生命の温みをもって、そこにある。

創造する時間、そして空間—。とにかく、アトリエを持つことだ。今、アパートにしか住めないのであれば、アパートを先ず、アトリエに変えることだ。作品には、作品を創造する時間、空間が、現われ出なければならない。（上越 サンプラザホテル）

11・5

昨夜、ホテルの衛星放送で、同室のK君と観た、映画「華岡青洲の妻」（若尾文子、高峰秀子、市川雷蔵・主演）—文学座公演の際にも感じたが、作者・有吉佐和子氏が、三十五歳でこの作品を書いた、ということに、改めて驚嘆し、感動した。とりわけ、華岡家の次女・小陸（渡辺美佐子）の台詞—正確ではないが、「お姉さん、結局女というもんは、男一人を養うためだけに、生きるのと違うかしらん。—うちは、結婚して嫁にも姑にもならんかったことが、いちばんの幸せやったと、思うとるんやしてよし…」。有吉氏の〝意識的に生きねばならない女性像〟を感じ、その痛切な声に胸を突かれた。

11・8

「億の奥」二幕三場—薄い灰色の着物を着、下手廊下から正面の襖口へ現われ、座敷に居る村岡（高橋悦史氏）に、「帰ったんですか、あの子?」と声を掛けるテル（杉村さん）—その身のこなし、たたずまいを観、技術ではない〝経験〟としか呼びようのないもの—杉村さん自身が、長い舞台生活を通じて、発見し、身に付けた〝感性〟を感じる。

1990尾瀬旅行　母、叔母と

1990年37歳

東西ドイツ統一。

文学座は、前年に続く「女の一生」を含む5公演、またアトリエの会40周年記念公演として、若手演出家が一部・二部・三部を担当した「THE GREEKS」（グリークス）を公演。テネシー・ウィリアムズの代表作公演で演出補、有吉佐和子原作の公演で舞台監督チーフ助手を担当。自身の創作戯曲第一作目を翌年のアトリエ公演企画として提出し、選ばれた。

【主な仕事】

○地方公演＋文学座アトリエ
ガラスの動物園（1月〜4月）
○紀伊國屋ホール＋地方公演
十二夜（5月）
○研修科発表会
三人姉妹（6月）
○文学座・三越提携公演　三越劇場＋地方公演
出雲の阿国（9月〜11月）

3・6（火）

朝食後、搬入時間までの二時間、陽当たりの良いホテルの部屋の窓際で、机に向かいワープロを打つ。湯沸かし器で湯を沸かし、紅茶を飲み、それからシャツと靴下を洗濯…ハイファイ・セットのテープ聞きながら。窓を開けると心地よい風。六階のこの窓から、ほんの少しだが海が見える。「ソーダ水の中を　貨物船が通る…」『海を見ていた午後』が流れた。

夕方。開演前。劇場の裏の橋を渡り、私鉄線の踏切を越え土手に登る。ゆったりとした川の眺めがパァッと広がる。もう春も近いしるしの、柔らかくかすんだ空。明るい灰色の雲にまあるい夕日が落ちてゆくところ。水面の所々が、細かく波立って、あちこちカモメがすいすいと飛んでいる。左手に大きな橋、その上を、早いテンポで何台も車が往き交っている。向かい側に、コンビナートのエントツ、右手の方へ目を向けると、また何本かの橋。人家やデパートらしいビル…。

時を呼吸しよう。ゆっくり、そして大きく。時は去って行くものかも知れないが、心をしっかり、やわらかく、自然に向き合ったら、決して失うものではない。旅で、それから故郷で、また忙しい都会や仕事場ですらも、自分と時とがわずかずつでも近寄り、カメラのピントが合うように、気持ちの通い合う誰かと静かに語った記憶みたいに、一緒にコツコツと刻むことは出来る。

そして僕は、時と一緒に思いを寄せる。

この夕方、この夜、明日の朝も—同じように、自分を失わず、ありのまま、周りが見えているか、と。時が微笑んでくれた時、きっと誰かが、時に向かって微笑んでるのかも知れない。そんな見えない〝通信〟を夢見た。

時が語らないみたいに、今は、僕も語らない。君。

（和歌山にて）

3・16（金）

一昨日から大阪入り。五日間の京都公演では、まあ充実した午前中を過ごせた。毎朝一時間、五条坂の旅館M亭から歩いて宮川町へ行き、〝家庭的〟雰囲気の喫茶店でワープロを打った。狭い通りを挟んで、格子戸、二階には簾のかかった間口の狭い「お茶屋」が向かい合い、時折、修業中と思われる舞子たちが、「おかあはん、お早う」などと声を掛け合い、往来する。

喫茶店での京都弁の会話は、どこそこの舞子が引っ越したが、部屋が狭くて、タンスを捨ててしまった—とか、身内の噂話しきり。カウンターの席も決まっているらしく、毎日同じ初老の婦人がペットの犬を連れ、同じ席に腰かけている。

こうした和気藹藹は、森有正の言う「古い皮袋」そのものだ。店のママさんも、常連のおばさんたちも、毎日身内に起こった出来事を何だかんだ、情報交換することで、最もその世界で〝常識的な〟自分を得る一方、川の下流に転がっている丸い石のように、どんどん「自分固有の考え、生き方」を削り取って、何丁目の何何はん、に治まろうとしている。

—こうした会話、こうした生活を僕は選ばないが、かと言って、ハッキリと否定は出来ない。

僕の祖母等にも感じた、ある愛すべき人生観が、そこには、まだ現実に行き続けているからだ。

10・13（土）

矢吹寿子さんが亡くなった。『ウェストサイドワルツ』で最も花開いたと思うが、どんな役でも、御自分の〝キャラクター〟というものをちゃんと持った方だった。杉村さんをカバーし、舞台を弾ませる、人懐こいエネルギッシュな姿…。

10・14（日）

朝、宮川町を抜け、鴨川べりを四条から二条まで散歩。母は来月十三日に手術する、との事。立山へ行ったこと等、電話で話す。

―命は与えられている、と思う。

10・30（火）

昨日の〝天橋立観光バーベキュー、温泉ツアー〟の楽しかったこと。

朝、宿の近くを散歩。民芸品屋でMに土産買う。陶器と和紙の製品を置いただけの目立たない店…。和紙と絹糸を織り込んで作ったというネクタイの隣りに、いろんな色の印鑑入れがあり、赤い色のを買った。「おおもと」（おそらく大本教の本部か何か）と書かれた大きな拝殿と庭があり、散歩。色づき始めたカエデ、「ホタルを育成してるので入るべからず」と書かれた苔の緑、古池等、宗教とは関係なく美しい。小学校を眺め、キリスト教会の脇を通って戻る。―旅人にとっては、素朴で心なごむ風景。だが、何処も、その土地の人々の生活の場なのだが。

（綾部にて）

「好色一代男」旅公演　バーベキュー大会

1991年 38歳

ソビエト連邦解体。

文学座以外での仕事、大竹しのぶ主演の公演で演出助手担当。劇団では、初の創作戯曲がアトリエ公演（演出・坂口芳貞）。他に三越劇場公演で舞台監督チーフ助手、また吉永仁郎書下ろしの紀伊國屋公演で演出補。

2月、演技部先輩の塩島昭彦氏が急逝、「人形の家」の稽古後、毎晩誘って頂き、遅くまで飲み、語り合ったが。

【主な仕事】

●銀座セゾン劇場
人形の家（1月）
○文学座アトリエ
奏でられないカルテット（4月）
○紀伊國屋ホール
桃花春（5月）
○文学座・三越提携公演　地方公演＋三越劇場
好色一代男（6月～9月）
○地方公演＋文学座アトリエ
煙たなびく（9月、10月）
○紀伊國屋ホール＋地方公演
彫刻のある風景新宿角筈（12月）

'91・2・10（日）

「五十、六十になったら、僕はいい役者になる。今はそのために力をつける…」と言いながら、五十前に亡くなったチョウさん—。でも今度のチョウさんの死で、僕はH叔父やT叔父の死の時とは違う、ひとつの「希望」を与えられた気がする。たとえ、自分の夢が叶えられなくとも、その一日その一日、チョウさんは地道に積み上げ続けた。それは天守閣のない城跡のようなものだが、夢としては立派に完成しているからだ。

それよりも、チョウさんは、死後も多くの人と人とを出会わせるのではあるまいか？　お互い「チョウさんの知り合いだ」ということで、話が弾み、親しみが増し、新しい仕事や交際の輪を、グングン拡げてくれる人のような気がする。「突然の死」と引き替えに、「無駄ではない生」というものの素晴らしさ—それこそ彼の「遺産」を僕らは引き継いだ。

4・25（木）

霧雨。二時、Kちゃんに依頼の原稿を手渡し、「トップ」で昼食を食べた後、気の向くまま、表参道から青山三丁目、南青山のイチョウ並木のところで、絵画館のある神宮方向へ、そして日本青年館や国立競技場の裏を通り、いつの間にか、千駄ケ谷へたどり着いた。カフェオーレにシュガーを入れて飲み、ボーッと疲れた身体をテーブルへあずける。

アトリエ公演『奏でられないカルテット』—思った以上の成果。演出のSさんはじめ、出演者ひとりひとりの真摯な姿勢、粘りが、子供っぽく無駄の多かった僕の作品をスリムなものに変え、大人の鑑賞に耐え得る、緊迫した舞台に仕上げ、高めてくれたように思う。—プライドを感じていいと同時に、自分に訪れた出来事の幸運、重み、そして責任を感じざるを得ない。

舞台稽古で、客席の隣りで観てくれ「面白い。こういう作品好きだな」と言って下さったT・Kさん、それから、楽屋へ差し入れを置きに行ったら、「最高だった」と肩をたたいて祝福して下さったT・Tさん。そして昨日は、S先生からの「これからも書き続けて欲しい」とのメッセージを、舞台監督のK君を通じ、頂いた。

灰色に曇りながら、やわらかく霧雨に煙った神宮のイチョウたち。まだほとんど裸同然の老木の四列が、人気のないアスファルト道路、歩道に沿って並び、どの枝からも、この春生え出た、瑞々しい若葉をたたえている。

ゆっくりゆっくり歩きながら、時々、道路の脇に停めたトラックやタクシーの中で、ひたすら疲れた身体を横たえ、寝込んでいる運転手たちを横目で見ながら、僕の中には、ひとつの新しい時期を迎え、ある時期を終えたことを、はっきりと実感した。

「レッスン」は終わった。そしてこれから、本当の旅、僕が僕である、経験の旅が幾つか始まる。

（千駄ケ谷　Cofee　Shop「HAKUBA」）

赤　旗　1991年4月30日（火曜日）

演劇　〝デッサン〟のような初々しさ

「奏でられないカルテット」（文学座）

左から金沢、八木、坂部

新劇界では最近、新人劇作家の作品の上演が目立つ。まだ小空間での公演に限られているものの、新劇界も新人劇作家の育成に目が向けられてきたのだろう。ことあるごとに、その必要性を主張してきた者としてうれしく思う。

作者の遠州まさきは文学座の若手座員で、これが舞台化された初めての作品。演出の坂口芳貞らのアドバイスで、何回も台本を書き直しての上演と聞く。絵に例えるならデッサンのような、初々しさいっぱいの舞台だ。

東北のある町が舞台。夫（坂部文昭）に浮気を疑われたことで、妻（八木昌子）が心を閉ざしてしまい、夫婦は「家庭内離婚」状態。妻は亡くなった息子（中村彰男）が生きているのではないかとの幻想にとりつかれ、その姿を追い求めている。そこに東京から姪（めい、金沢映子）が帰って来る。姪の両親は別居中。自身も問題を抱え「充電中」だ。

姪の必死の行動によって、夫も息子と一緒にジョギングしているように思えるようになり、叔父夫婦の家庭崩壊が辛うじて食い止められたことを示唆して幕になる。

全体としてさわやかな舞台だが、台本上の弱点も見られる。一つは、夫婦と姪の関係が、せりふだけの説明ではわかりにくいこと。他人の心の中へズカズカ踏み込んでいく姪の行動が、少々お節介がすぎると思えてしまうし、前半、せりふを聞き取るのに疲れてしまう。

もう一つは、息子の女友達（塩田朋子）がなぜ登場したのかわかりにくいこと。この存在が明確になると、夫婦の気持ちの変化がはっきりしてくると思う。

以上の二点を直してさらに磨き上げてほしい。

演技陣では、金沢が嫌味のない演技で台本の弱点を救っている。中村のはつらつさ、坂部の基本に忠実な演技を評価したい。（赤坂　治績）

28日、東京・信濃町・文学座アトリエで終了。

毎日新聞（夕刊）
1991年（平成3年）5月2日（木曜日）　2版　（6）

アクセス

文学座の新人作家　現代日本人像的確に

文学座のアトリエの会が遠州まさき作の「奏でられないカルテット」を上演したが、新人作家のデビュー作としてはまずまずのできだった。

東京で保母をしている友枝（金沢映子）が、ある朝、叔母夫婦（坂部文昭、八木昌子）の家に押しかけてくる。そろって食べる朝ご飯は格別、これぞ家族の味とはしゃぐ彼女だが、叔母夫婦の様子はどこかおかしい。彼らは長い間いっしょに食事をするどころか、一階と二階に分かれ、顔を合わせないようにして暮らしていたのだ。なんとか二人を和解させようと一生懸命の友枝を軸に、過去と現在、友枝のものとおぼしき詩の朗読を交錯させ、何が彼らをそうさせたかを解いてゆきながら、自分の両親の不和ゆえに叔母夫婦に理想の家族像を求めておせっかいをやく友枝の心も明らかにする。

遠州は三十八歳の文学座員で、舞台監督や演出助手をしながら劇作を志してきた。家庭内離婚といわれる家族の崩壊のさまを的確にとらえている。とりわけ、しらけているようで、実は必死に心のつながりを求めている繊細な現代の若者像がよく描けている。

ところで、この作品の特徴は、友枝を除く登場人物が寡黙なことだ。特に叔母は、半分近く舞台に登場するのにセリフは数言しかない。同じ家庭崩壊でも、言葉鋭く対立する欧米人と違い、内にこもって口をきかなくなるという日本人の特徴をリアルに表現した結果だ。現代日本人像をとらえた創作劇が少ないのは、こうした特性が会話を媒介とする芸術である演劇になじみにくい一因かもしれないと、この作品を見て改めて思った。（E）

日本經濟新聞

1991年(平成3年)5月18日(土曜日)　(36)

斜論

舞台化されてこその創作戯曲

東京の青山円形劇場は三年前から行ってきた「脚本コンクール」を中止することを決めた。一九八五年に「こどもの城」内にできた珍しい円形の同劇場(一〇〇―三七六席)に見合った創作戯曲を発掘し、新しい演劇を育成していく狙いがあった。

中止の理由は作品の舞台化が満足にできなかったため。これまでの三回の選考の結果、実際に舞台化できたのは第一回の佳作「鬼の角」だけ。

演劇界では劇作家が不足しているとよく言われる。とくに大都市では劇場の新設が相次ぎ、公演数は量的に急増した。シェイクスピア・ブームも劇作家不足の結果と皮肉る向きもあるほどだ。

戯曲不足を打開するために考えられたてっとりばやい方法が戯曲コンクールと言え、ここ数年で俳優座劇場、演劇雑誌「テアトロ」がコンクールを始めた。だが、先行するテアトル・エコーや国立劇場の例もふくめ、実績ははかばかしくなく、当選作がなかなか出ない。

戯曲は小説と違い、実際に舞台化されなければ生きた作品にはならない。優れた役者に演じてもらうことで、若い劇作家は何かを発見し成長してもいく。無名作家の作品を取り上げるのは興行的にリスクが大きいが、そこが保証されなければコンクールのありがたみは半減しよう。

若手の創意を優先し、興行のリスクに惑わされず新作を取り上げてきた文学座アトリエの会が先に上演した「愛でられないカルテット」は遠州まさきという座員の処女作だった。事故死した青年への家族の追想を描いたドラマで、文学座の役者の自然な演技の質によく合い、セリフが観客の胸にしみ通るような舞台となった。

劇場にしろ、劇団にしろ創作劇を取り上げる場、役者集団を持ち、時間をかけて上演する体制がなければ、新人作家の登場はおぼつかない。いい作品が集まらないと嘆く前に、演劇の現場でやるべきことはあるだろう。　(内)

森へ行くノート（1992―1997）

「その先は知らず」舞台スタッフと

1992年39歳

PKO協力法成立。

文学座は創立55周年記念公演が8本並ぶ。アイルランドの名門一家の凋落を描く紀伊國屋公演、また角野卓造、剣幸主演によるフジテレビ製作の舞台で演出補担当。―10月、演技部先輩の太地喜和子さんが、地方公演中に事故により急逝され、劇団は大きな衝撃、悲しみを負った。そんな中、新たな作品の創作を自らに課しながら、日々と向き合う。

【主な仕事】
○文学座・松竹提携公演　サンシャイン劇場
アナザータイム（1月、2月）
○文学座アトリエ
苺ジゴロと一日花（3月）
○紀伊國屋ホール＋地方公演
傾く時のなかで（5月、6月）
●企画製作・フジテレビジョン
東京芸術劇場など
ガリレオ物語（8月、9月）
○文学座・松竹提携公演
サンシャイン劇場＋地方公演
その先は知らず（10月～12月）

'91・1・2（木）

夕方、母と二人、長町まで散歩。途中、河原町のコンビニエンス・ストアで「写るんデス・パノラマ」を買い、広瀬橋の上から泉ケ岳の方向に向け、三枚写真を撮る。「泉ケ岳の手前に〝大観音〟が見えているのが忌ま忌ましい。」と母。長町駅前のモス・バーガーで、アイスクリームとホットドリンクで一時間弱、欧米の外食の事情について等、母の体験談を聞き、すっかり暮れた広瀬川の土手沿いに、宮沢橋をまわって帰る。

夕食後、弟の〝オーディオ・ルーム〟で、ホロヴィッツが、死ぬ四日前にレコーディングした、とかいうアルバムでショパン等、聴く。

父、母、弟、三人で暮らして来たことの実感。

（仙台の実家にて）

6・15（月）

この1月から貯まった十円玉、五円玉、一円玉が、紙の小さな手提げ袋ひとつ分程になり、散歩がてら、銀行へ寄って両替しようと外出…。

郵便局向かいの中学校のしだれザクラ。日本閣の前を通り、JRのガードを潜って出た一丁目―以前H医院のあったT字路のお邸―現在は、他の人の持ち家になったのか、とにかく、その広い庭から石造りの塀を越え、道路の三分の一近くまで枝を伸ばしたソメイヨシノ、カエデ等。青々とした葉をたわわに揺らしながら、雨に濡れ、自然の営みの―無言の会話を繰り返している…。

以前、東中野に越してきたばかりの頃、キャッシュ・カード等、所謂銀行での「オン・ライン・システム化」が急速に整備され、カードで金を引き出しに行くと、そんな仕事には不似合いな、明らかに定年を過ぎた初老の行員が近くに来て、「機械の使い方が分かりますか？」と尋ねてくる姿に、「ああ、T叔父も、定年過ぎてまで、こんな仕事やらされるのかな…」と苦笑いしたものだが。それから

三、四年後、定年どころか、五十前で「過労死」してしまったT叔父…。その彼が勤めた同じ銀行の支店で両替…。スッキリ札とコインに化けたのが、八千円近く…。銀行を出、人気のドトール・コーヒーに入り、二階の窓際の長いカウンター席に坐り、狭い通りを挟んで、元気のいい八百屋の様子など向かい側に見ながら、ややボンヤリするのをこらえ、ノート…。

アトリエ公演のための第二作（「T叔父の過労死」体験をモチーフにした）を、何とかこの夏中に書き上げること。

…アイデアと向き合い、プランニングを進め、深めながら、僕自身の中にハッキリしてくる幾つかのこと—。

先ず、東京に代表される現代文明下の価値観、営みのリズム、テンポ等が、人間に本来あるべき「自然な環境・関係」を破壊しつくしてきた、ということ。…自分の実感で言うなら、一戸建てどころか、マンションを買うことすら諦めざるを得ない東京だが、そこでは自分が育った仙台での幼少年期と比べて、家庭を作り、子供を育てたい、という「自然な気持ち」には、さらさらなれないで今日まで来てしまった、ということ。更に、—それはやはり、僕自身にとっても、大きな「不幸」であり、「不自然」であり、そのハンデを克服し、自分にとっての「自然」を、もう一度回復せねばならないのではないか、と痛切に思ったこと。

日本の現代戯曲を書こうとする時、例えば、K・Oさんが必ず原爆の問題に行き着かざるを得なかったように、僕の場合には、どうも「自然な男女」「自然な家庭」の回復を追求せざるを得ない。自分可愛さを越え、「自然の回復」に向かって、闘いを始めること。

12・27（日）

喫茶店で。三十五、六歳。親友らしい男二人の会話。

「子供の時間に合わせて生活できるのが一番理想なのだが…」

「好色一代女」旅公演　ボーリング大会で

1993年40歳

Jリーグ開幕。

年明け早々、自宅で体調優れず仮眠後、下腹部に激痛、自ら救急車呼び東京女子医大で検査後、警察病院へ移され手術—盲腸破れ、腹膜炎にて入院、九死に一生を得た。喜和子さん追悼公演より仕事スタート。演出部先輩の退座重なり、また舞台監督K先輩死去の中、演出部長に就任。アトリエ公演で初舞台監督、別役作品も担当。サンシャイン劇場公演では演出補。激変、重責、多忙の季節到来。

【主な仕事】

○文学座・三越提携公演
三越劇場＋地方公演　太地喜和子追悼
好色一代女（2月〜4月）
○文学座アトリエ
花の氷室（6月）
○文学座・三越提携公演
三越劇場
夜のキャンヴァス（8月、9月）
○文学座・松竹提携公演
サンシャイン劇場
恋と仮面とカーニバル（10月）
○文学座アトリエ
窓から外を見ている（12月）

'93・1・1（金）

仙台での正月。「今年こそは嫁さんを見つけて下さい。」と父に言われ続けながら、相変わらず一人で帰省。広瀬川の散歩、武道館での壁打ち、河原町界隈を散策し、「スポニチ」を買って帰るパターンも変化なし。

だが、遠州屋酒店は「サンクス」になり、酒蔵は弟のアトリエになり、両親も確実に老いている。夕食後、茶の間で茶を飲みながら「ここ一年程、もの忘れが激しいのだ。」と母。よく祖母と祖父とが、メガネの行方が解らなくなり、半日探しまわったこと。祖母の引き出しから、片方だけの足袋が何足も出て来た、とか、昔を思い出し「自分もああなったのか」と寂しげに笑って言う。

—誰もがS先生のように、大勢の観客に身をさらす緊張感でシャキッとなれる、とは限らない。老化現象や病いに対しては、とにかく気持ちをシッカリ持ち戦いを挑む以外にはないのだろうが、ただ激励だけするのではなく、その「老い」をむしろ自然なものと捉え、やわらかく受け止めるだけの器が、こちらには必要なのだろう。

1・17（日）

朝、廊下で看護婦さんに呼び止められ、その場で体重測定。パジャマ、腹帯、バスタオルを肩にかけた状態で58・5キロ。点滴のみの絶食状態を四日続けたせいだろうか、たった一週間で2、3キロ減量—。

ジャケットを着て屋上にのぼり、初めて自分が救急車で運ばれ、入院した病院の位置を確認。朝もやかスモッグか、飯田橋を中心に360度見渡した大東京は、休日のせいかあわただしい騒音は無し。ただゴーッと静かなうねりの様な気配が全体を包んでいて、久しぶりの外の空気の新鮮さと共に、二十年前、東京での生活を始めた頃の無言の圧迫感をまた感じた。

はるか新宿のやや左手方向に、真白な雪で覆われた富士山。ビルの屋上に幾つもクレーンを連ねた高層ビル群との対比が鮮やかだった。この景色の前の「感慨」の中に、これからの僕の人生への一切の「決意」「道程」「態度」などが含まれている。

（東京警察病院にて）

3・3（水）

諏訪湖畔にある「ハーモニー美術館」へ。

午後一時過ぎ、僕以外には、客が一人もいない。ジョルジュ・ルオー展開催中。

ルソー、ルシャン、ボンボアといった「素朴派」の作品を先ず眺めたが、感動は起こらず。彼らにとっての絵は、いずれも静止した世界。絵に対して特殊な世界や救いの世界を求めている気がする。ルオーは、ヨーロッパが産み落とした作家。太陽や空気を含めた「自然」と切り離して「人間」だけを描こうとしている気がする。キリスト教の本質は、罪と苦しみと救いにあることがよく分かる。

一階へ降り、マティスとグランマ・モーゼスの二人の作品に感動した。絵はやはり自分の心、生き方、毎日の鏡である気がする。

モーゼスは、自分の生まれ育った古きアメリカの大自然の中で、愛する人々と共に、絵という手段で楽しく遊び、踊り、喜ぶ。

そしてマティス。「ＪＡＺＺ」のブルーやイエロー、ブラック、グリーン、レッド…。単純な形、切れ具合、その世界に感じる自由、躍動、生命。—唐招提寺の宝物殿で「首のないヴィーナス」を観た時と同じ衝動を感じた。ひたすらに創造に没頭せよ、という内面からの　僕への促し—。

モーゼスもマティスも、晩年まで絵を描き続け（モーゼスは晩年に）、長生きした。二人の絵に触れ、「生命」を分けてもらえた気がする。

（ＨＡＲＭＯ　ＭＵＳＥＵＭ）

3・26（金）

E子叔母宅に一泊後、江ノ島、鵠沼海岸を散歩。カラスやらサーファー等眺める。―今朝のE子叔母の「Sレディ」各スタッフへの電話の対応には、心から感動した。いわゆる「営業」の目標数を達成、更新するために、可能性ある部下に「あと一本いけない？」という具合に切り出すのだが。ごく自然な挨拶、会話からスタートし、相手の立場、生活、気持ちなど量りながら、決して押し付けでなく「激励」してゆく。E子叔母の経験（キャリア）を若い部下に話して聞かせる。（「若い間は苦労した方がいいのよ」など）

（浜松にて）

6・21（月）

「演出部」の現状を考えた時、先ず自分がどうすべきか。確かにスタッフがいない「穴」を、僕やK君やT君のみで埋めて行こうとすれば、埋める人間が生活出来ないでしまう、ということは、生活出来るだけのギャラを獲得せねばならない訳だが。この〝タライ回し状態〟の根本問題を、単に「金銭的な解決」にだけ求めてはならないだろう。むしろ問題は「生活は苦しくとも、座の公演を支えよう」という〝自発性〟がほとんど欠けてしまっている現状だ。

先ず自分を変える、ということ。それには「知恵」が要る。劇団を支えて行かねばならない、という「責任」と、ドラマ作家として自立したい、という「願望」とを、どう一つの方向として『同一目的』と出来るか。

劇団を支え、演出部を立て直すことと、ドラマを書き続けることとは「両立」し得ないのだろうか。むしろ「両立」によってしか本当の「自立」に至らない、とも言えないだろうか。

8・14（土）

日本橋三越劇場で『夜のキャンヴァス』の初日。本番中下手の袖にいて、お客の前に立つことの緊張の中で「芝居を演じ切ってしまう」―杉村先生の凄さには改めて感服したが、問題は自分自身のこと、途中から稽古に加わり、公演途中で降りてしまう立場の中途半端さもあり、「初日を開けた」という感動が何もない。演出部長だからと言って、今後こうした〝兵隊〟の立場で仕事に関ることは「大きなマイナス」でしかないように思える。

「希望者」はいざ知らず、座員として「現場」に就くのであれば、「責任」あるパートで最初から最後まで担当出来ることを基本に据え直すこと。残念だが、それが今、ズタズタになりかかっている。

10・4（月）

昨夜は両親が我が家に一泊。ＮＨＫＴＶ『拝啓笠智衆様』を観て、年老いた両親と共に、Ｓ先生のナレーション、文学座若手陣が手紙を読むという内容のものを、妙に深い感慨をもって味わった。

笠氏に手紙を書いた若手ミュージシャンの言葉。「コツコツやるってカッコイイ」というのが印象に残った。

12・25（土）

昨日は、午後から劇団へ行き「演出部室」の工事に立ち合いながら、舞台用の幕類を識別・管理をし易くするための「幕の袋色分け表」を作った。森屋の入口で、Ｄ君の母上の告別式から戻られたＳ先生と出会い、「木々を大切にしない者に芝居は出来ないわよね。」等と言葉を交わし、「本当にやる人が一人でもちゃんとやれば、誰かしらついて来るんじゃないかしら。」と激励して頂いた。―僕自身の閉じてしまう性格もあるのだが、確かに「演出部長」の職務というのは、「孤独」や「人間不信」

に陥り易く、「不健全」になりがちだ。

〝負の感情の塊り〟にならないためには、もっと共通の〝演出部未来像〟が必要だ。—知恵を絞り、具体的な「計画性」を持つこと。合理的なシステムにすることが目的であってはならない。そうではなく、「部」を構成する一人一人を大切にする劇団であるために、お互いが他者を思いやれる「まめな対話」を基調とした「血の通った大人の集団」を目標とすることだ。—「仲間」を信じることだ。

（11：10『M』）

「ウェストサイドワルツ」旅公演　九十九島めぐり　スタッフ仲間と

1994年41歳

松本サリン事件起こる。

文学座では、12月アトリエ公演、別役実作「鼻」で、92歳の大先輩三津田健が主役を演じる。総会で座内賞のT氏賞、二度目の受賞。杉村先生主演の長旅公演、6月アトリエで舞台監督チーフ助手。10月アトリエで舞台監督。演出部長として演出部内の諸問題に苦闘しながら、創作へ向かおうと前のめりな日々が続いたが。旅先での出会い、家族とのふれあいが救い、良きブレーキとなる。

【主な仕事】

○文学座・松竹提携公演
サンシャイン劇場＋地方公演
ウェストサイドワルツ（2月〜4月）
○文学座アトリエ
シンガー（6月）
○文学座・三越提携公演　三越劇場
花石榴（8月、9月）
○文学座アトリエ
ワイルドスプリング（10月）
○紀伊國屋ホール
背信の日々（12月）

'94・3・8（火）

昨年演出部を辞められたO さん宅へ、T君、A子ちゃん、I子ちゃんで訪問。若い連中で訪ねて良かった、と思う。―ひとつを得るためには、ひとつを失わなければならない。曽野綾子の書簡集の中に何度か出てきた言葉と記憶するが、本当に〝人生上の原理〟だな、と痛切に感じる。ある状況、あるギリギリの判断で、人々は自身の行動を選択せねばならなくなる。だが、選んでしまった以上、過去に存在していた『価値』を再び追い求めることは〝不幸〟であり、許されないことなのだ。

不安な前途、そして〝日常〟としての今日にのみ、新しい自分の幸福を追求せねばならない、ということ。「出会い」もまたそうだろう。―自分を甘やかさず、鍛えに鍛えること。大きく、強くなることだ。

（福岡にて）

3・16（水）

昨夜は、思いがけずRomーちゃんと彼女のお姉さんと、銅座にある二人のいとこさんのパブで飲んだ。長崎弁でのやりとりが聞く耳に楽しく、こうした地方特有の人間関係の中で生きることの重み等、Romーちゃんのお姉さんに感じた。東京ではすぐ近くに住みながら、年に一度会って飲むくらいのRomーちゃんだが、そんな風にどんどん年月が過ぎてゆく中で、自分の意志と決断と行動で、状況を一歩も二歩も前進させるのは、容易ではない。Romーちゃんは Romーちゃんなりに、芝居の制作をしながら、飲み屋でバイトしたりしているらしい。―最も堅実で、確かな道を選んでゆくこと。

午後。オランダ坂、グラバー園、大浦天主堂をひとりで散策。グラバー園の展望台から望遠鏡で眺めた長崎海星中学校、高校の屋上にあるマリア像が最も印象深かった。それから観光船が行く港の景色…。

杉村先生の舞台に就いていることもそうだし、こうして仕事の合間に観光出来るのも、とても「幸福」なことだ、と言える。—三日前の佐世保休日の写真。演出部スタッフのK君、T君、演技部のM君等との九十九島めぐり、展望台からの夕景など。Ｇｏｏｄ。

3・31（木）

母の誕生日。—昨夜ひとりで入った居酒屋。お母さんと娘さんとでやっている小さい店。今月初めに平和台球場で買った西鉄ライオンズの帽子が効いたのか、救急看護士をしているという常連のお客さんと、吉川英治やらつかこうへいやらの話をし、楽しいひと時を過ごした。あさり汁のうまかったこと。酒の神様に感謝。

（飯塚にて）

4・3（土）

「忘れ得ぬ夕景」

歩き出せば、予期せぬ出会いが、いつも僕を待ち受ける。

思いがけず出会ったSさんから勧められるまま、県庁前、西高校、サクラの道を歩きながら、たどり着いた県立美術館、古賀忠雄彫刻の森。

ふと新潟の高田にある公園での、船越保武氏の作品との出会いの日を思い出し、ひとつひとつの彫刻を足早に眺めるつもりで歩きながら、—作者とモデルとが向き合う時間が、生きたままそのまま静止している彫刻の不思議さに再び出会い、本郷新、高田博厚の作品群を観た日々のことも思い出し。更には美術館裏の広いお堀の満開のサクラたち。

あちこちに、仲間連れ、家族連れ。東京に比べれば、いかにもつつましやかな花見の宴が風景の中に参入して。若者は一気飲みでワイワイ、あるいは自転車で語らいながらのアベック。中年の女性グループ。

暮れ行く空と、お堀の水のゆらゆらと、花や木、そして彫刻。そんなモザイクのような調和。

…「花売り」「語らい」「思い」といった作品たち。

見上げると、60~70㎝丈くらいの彫刻が、素顔のままに僕と目が合う。そのシルエットの、やわらかく、あたたかい交流の感動。

「創作とは何だ」その答えが、いとも自然な言葉で湧き起こる。

—モデルとなったひとりひとりの尊さ、生命をもった姿を、ありのままに捉えることさ…。

通りに面した橋から、公園全体を眺めた。花見の喧騒も、彫刻も、サクラも、空が暮れ、外灯がところどころ燈る中に、沈み込む。「ライトアップは傲慢だ」そう言いたげに。すぐ近くで水鳥が、人間と無関係に、彼らの生活を営む。

自然の側から世界を見てやろう。何か思い切り素直に、明日のおぼろげな自分すらが、愛おしく、呼吸し、熱く、帰りへ歩いた。

（佐賀　県立美術館『古賀忠雄　彫刻の森』にて　19：30）

4・22（金）

夕方嵐山へ。渡月橋を渡り、川巡りの船着き場に近い石の土手に佇んだ。広い堰から流れ落ちる水音。キャラメルをほおばりながら、大ノ字になって暮れて行く空を見た。ジェット機の飛行機雲が左から右へ伸びて行くと、反対方向からもう一本。起き上がると、白サギのような二羽の鳥が並んで頭上を横切り、山の方へと消えて行った。嵐山の深い木立。

ふと森有正がヨーロッパで「存在に対立するものは無だけだ」と思った時の恐ろしさを何かに書いていたのを思い出したが、こうした自然の中の人間として世界を眺めると、この世は「生と死」に二分されるのだな、と感じた。生命ある者の今日という時間。心はもう東京での〝闘いの日々〟へ。だが、旅先でも生活は生活だ。

（神戸から京都への移動日）

4・30（土）

「ウェストサイドワルツ」終了。一昨日の千秋楽、開演前にS先生がスタッフの楽屋へ見えられ、「おめでとうございます。お疲れ様。」と、自ら声をかけて下さった姿を忘れてはなるまい。日課、自炊中心の生活に徹すること。

11・11（金）

NHKスペシャル「失われたとき、サラエボ・戦火の中の子供たち」映画・思春期の子役達は今―聞きなれた文学座の仲間、Kさん、Iさん、I君、Bちゃんのナレーション、アテレコ。そういう親しみも手伝ってか、戦争の悲惨さ、愚かさに涙をこらえ切れなかった。映画『思春期』の主役を演じ、故郷のサラエボを離れた17歳の青年が、ビデオメッセージの父親の言葉「お前は完璧だった」等を聞き、昔住んでいたオリンピック村のアパートビルが無残に破壊された映像を観て、インタビュアーに答えた言葉。「平和なら迎えられたはずの〝思春期〟を失ったことで、自分は大人になれた。誰も本心からどちら側が正しいとか決められぬ戦争と知りつつ、どちら側かに就かざるを得ない状況に甘んじているが、大切なことは、どんな状況であれ、ユーゴ時代皆いい奴だと思えたように、これからも人間であり続け、人間であろうと努めること」。

11・19（土）

昨夜は、海軍時代の集まりで湯河原へ一泊した父がマンションへ寄り、父持参のワインを飲み語り合った。海軍時代のエピソード、それから塩釜の新聞記者時代に松島Pホテルであった殺人事件のことなど、ドラマになりそうなモチーフの収穫あり。今朝は自炊して麦飯ととろろを一緒に食べ、新大久保のコーヒー屋でコーヒーを飲み、新宿駅の車中で別れたが。つくづく本当の財産とは何か、ということを思った。

—高専時代、中途退学かとにかく卒業かで、半ば親子喧嘩になりかけ、結果的に父の意見に従い、卒業し、以後自分の好きな道に歩んだことに、今日の全ての〝父との関係〟はある。「初めのボタンのかけ違い」という言葉があるが、僕の場合、自らきついボタンをかけ、父という衣服を脱がなかったことに〝恩恵〟があった。あの〝喧嘩〟から卒業までの二年間、その「体験」と「忍耐」とが、どれ程現在の僕の孤独で過酷な状況を支えてくれていることか。—理不尽な状況にあっても、自ら〝不幸〟と思わず、腹を立てず、増して他者を恨まず、辛抱強く「先手」「先手」と進むこと。—その時、本当の苦境の中でも、必ず助け合う仲間、家族が現れる、そう信じて歩みたい。財産とはつまり、「生命」「目標」「仲間」「家族」そして「体験」に尽きる、ということ。

舞台監督協会20周年記念祝賀会

阪神・淡路大震災。

文学座では、第2回読売演劇大賞で大賞、主演女優賞（杉村）作品賞（江守演出）男優賞（三津田）女優賞（新橋）演出家賞（江守、西川、鵜山）選ばれる。アトリエ公演3本で舞台監督担当。演出部長から新たな役職「演出部デスク」となり、また舞台監督協会で「20周年記念」等の事業にも関わる。大震災、地下鉄サリン事件の衝撃は大きく、創作と共に北欧留学の実現に今後の思いを託す。

【主な仕事】

○文学座・松竹提携公演
サンシャイン劇場＋地方公演
絹布の法被（2月～4月）
○文学座アトリエ
THE BOYS（5月、6月）
メモランダム（7月）
○文学座・三越提携公演
三越劇場
怪談牡丹燈籠（8月、9月）
○東京芸術劇場小ホール2
野分立つ（10月）
○文学座アトリエ
雛（12月）

'95・1・28（土）

『阪神大震災』のショックが、ズシンと腹の底に居座っている。「戦後50年」や「サラエボ」等、歴史上の戦争と現在進行形の戦争、紛争、それをどう自分の生活の中で〝他人事〟でなく結んでゆくか—それがおぼろげな今年のテーマかな、と曖昧に自分に言い聞かせていただけだったのが。「天災」とは言え、戦争によってもたらされると等しい光景が現出してしまったとなると、とにもかくにも、日本人である自分達の〝原点〟を、50年遡る労苦を超越して、今現在に「終戦」を実感出来る事態が来てしまったらしい。「防災」という生々しい〝危機意識〟、そこでの生活現場、環境の「点検」、あるいはレジャーや遊興の「自粛」—物事を考える尺度が「神戸」の惨状を基準にすることで、50年前に立たされ〝意識〟を取り戻す。—皮肉ではあるけれども、何という明快な「帰結点」であり「出発点」だろう。痛ましい犠牲、思い通りに手を打てない人間の無力を痛感し、初めて〝原点〟に目覚め、自己欲を越えた「助け合い」の精神に到達する。不条理だが、この〝真実〟自然と人間を支配する〝原理〟というか。—今回の震災は、この50年間を見事に「解明」してしまった。

2・15（水）

昨日はT叔父の9年目の命日。—終演後、東中野の居酒屋「M」へ行き、ひとりカウンターに坐って冷酒を飲み、T叔父についての思いをあれこれ巡らせた。とにかく「作品」を通じ、T叔父の死と共に、我々が失ったもの、本来我々が失ってはならないもの—それらの〝確認〟作業を〈A〉という若いヒロインの〝追跡〟に委ねること。作品の「テーマ」と、現場の「課題」とは、常に一体だ。この現実の〝生みの苦しみ〟をベースに、とにかく出来る限り着実に「創作」を重ねよう。

3・6（月）

昨夜京都入り。今朝早く明後日公演となる大津の会館で張り出し仕込みをし、昼はホテルで休養。1時に起き創作とテニスストレッチ。午後3時過ぎから外出、昼食を済ませ、足が自然に二条鴨川べりにあるFホテルのラウンジに向いた。いつ来てもゆったりと、広いガラス窓の向こうに幅の広い滝を模したような池が眺められ、水の流れ落ちる音、岩場の苔の緑、鯉や小ガモ、そして高い垣根の向こうに広い空、鴨川の上空を飛んでいるのだろう─白い水鳥や比叡山の山頂等がやわらかく見える。

何だろう。突然イナゴの群れのように、カモメ程の大きさの鳥が不規則な塊りとなって、陽に当たっては白く、あるいは黒く、個々せわしく羽ばたきながら、雲と空とをバックに、高い高い上空で集まったり離れたり、膨らんだり縮んだり…。

自然と人間。まぶしい様に見つめれば、これ程一体となった生命的な関係はあり得ないのに…。人が自然を守っているのではなく、自然が人を守り続けているのだ。寛大で雄壮な営みの世界の中に、ガラス貼りの寛ぎが保証されている。神戸の大震災で『神の無慈悲』を問いかけた川柳を新聞で読んだが、自然には何の罪もない。ストレスが溜まって胃を痛めたり、盲腸が破れたりするのと同じように、大地がエネルギーのバランスの不均衡、不調を訴えたに過ぎないのだから…。責められるべきは、人間の自然に対する備え、そして摂理や道理を越してまで、スピード化したり、大量生産したり、大量消費したり、─自然の厳しさを忘れ、自然のリズムから遠のくことへ警告を自ら発すること、そしてひとりひとりが自然と共に生活を始めるということだろう。自然の促しに耳を澄まそう。自然に感謝を。

（京都　Fホテルラウンジ『せせらぎ』）

7・12（水）

昨日、高田馬場の喫茶店『U』で、隣のテーブルに座ったキャリア・ウーマン同志の会話。―年上で先輩の女性が後輩の女性を褒めていたのだが、「私は子供が二人だったことで自分の時間が出来、好きなことが出来たが、貴方は四人も居るのに、仕事をし続けているのはエライ。大学時代までは何でも100点主義だが、社会人になったらトータルで点を維持しないともたない。貴方はたぶん、ポイント、ポイントのこなし方が上手なのね。」―褒められた女性は（38歳らしかったが）「そうね。適当に手を抜くから、ポイント、ポイントだわね。」と答えていた。先輩女性の話では、―褒められた女性は〝教育ママ〟にもならず、子供の扱いも上手らしい。―自分自身への「アメとムチの使い分け」が上手ということか。二年後の北欧留学計画、創作活動に向けて、何かいい〝会話〟に遭遇したように思う。

9・11（月）

「葉の疲れ」

風が吹き始めた
なつかしいが　新しい
いつも前へしか　吹かない風だ
不安と孤独
過ぎ去り　重なり　ひとつひとつ触れるにも

向き合って話すには　多過ぎる
手付かずのまま　こんもりと風を待つ　年月の重みを含んで

僕は勇気をふりしぼり
その風が希望へ向かっていると　信じ込んで
てくてく　唄を口ずさんで　歩けるまで
風に励まされ　歩き出す

誰かと　運命のように出会うこと
歩道でしか見ることもない　ロマンのかけらだが
それはそれ　心躍らせ　小石を蹴って
風のままに　歩くまで

今日を疲れながら　歩く

（20時　高田馬場『器』にて）

家族旅行　車山高原にて

1996年43歳

ルーズソックス、たまごっち流行。

文学座は「女の一生」主人公・布引けい役を初めて杉村春子から平淑恵に継承し公演した。アトリエ公演2本で舞台監督。劇団以外の仕事として、南果歩ひとり語り作品で演出助手、また札幌の創作舞踊団による芸術祭参加作品の東京公演で舞台監督を担当。1月には1年後の文化庁派遣在外研修を目指しスウェーデンのストックホルムに十日間滞在。人生の転換期へ繋がる大きな体験が重なった。

【主な仕事】
○文学座・松竹提携公演
サンシャイン劇場＋地方公演
華岡青洲の妻（1月～4月）
○紀伊國屋ホール
シンガー（4月、5月）
○文学座アトリエ
思い出せない夢のいくつか／水面鏡（5月）
●メジャーリーグ製作　博品館劇場他
幻の光（9月）
●能藤玲子創作舞踊団　銀座セゾン劇場
流氷伝説（10月）
○文学座アトリエ
髪をかきあげる（11月、12月）

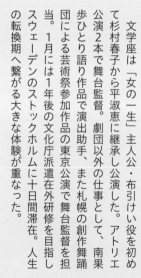

「一日を一行に刻む」（1月1日〜4月7日）より

’96・1・1（月）

スポーツ新聞を買った朝、故郷の町の上空に10羽の白鳥、驚き感動。

1・2（火）

夕方、広瀬川の河畔を母と散歩。暮れた空に金星が近く見えた。

1・4（木）

43歳誕生日。雪景色を観ながら車中で朝食、母のおにぎりを食べた。

1・6（土）

新しいイングリッシュ・スクールに入所手続き。英語専心の一年半に。

1・13（土）

楽屋で演出のI先生と『華岡…』の成果話す。創作の夢膨らむ。

1・17（水）

東中野駅前の居酒屋で照明部M君の送別会。受付テーブル盛り上がる。

1・23（火）

アーランダ空港にM氏の迎え安堵。アゼルバイジャンコニャックの味。

1・24（水）

M氏、Kさん、Hさんと夕飯。北欧生活長い3人に各々歴史あり。

1・25（木）

念願の研修〝承諾書〟Mr・Rサイン。「Yours sincerely」胸熱く。

1・26（金）

ボルボ運転のKさんの言葉聞き、夜思う。北欧では「冬は演劇が太陽」。

2・1（木）

SAS3時間半遅れ良し。拘りノルウェー酒買い、ムンク色の空観る。

2・2（金）

北欧にないのは銭湯か。旅の疲れ癒し、仙台から電話の父母に感謝。

2・9（金）

帰仙して父と母へ北欧の成果、みやげ話報告、酒も尽きない。

2・11（日）

90歳店主立つ台湾料理店で家族会食、夕方大宮から夕景富士鮮やか。

2・17（土）

紅梅に雪積り、ラーメン食べ帰るT叔父の墓参り、パワー貰う。

2・21（水）

札幌創作舞踊団R先生、M先生、六本木2次会。大変な時代の話聞く。

2・22（木）

Ms・Lが、判らないなり英語で話そうとする僕の姿勢評価してくれた。

7・28（日）

昨夜は『幻の光』の音楽打ち合わせ後、SK氏演出による『江戸の人たち』初日を観た。最大限のきめ細かさと、最小限の説明、無駄のなさ—朗読スタイルの劇空間、演技のめざすものが、そのまま「演劇」のめざすものになり得る、重要な確認が出来た。「赤い月」と言葉の描写があるから「赤い月」をホリゾントに出すのではなく、〝言葉〟のみから与えられるイメージを共有する。舞台と俳優、言葉と静寂、—この基本、原点にいつもいつも帰り、繰り返し立つこと。

劇作作業を専門とする—この目標はハッキリしながら、作業が要求する「神聖さ」をとかく忘れがちになる。『和して同ぜず』道を究める者の姿勢を、日々鍛えつつ磨くこと。自分を甘やかさず、楽にしないことだ。

9・25（水）

『故郷を眼下に』

新千歳空港からＪＡＳ機で帰京。左側の窓際の席になり、１時間半程のフライト中、ほとんど窓の外を眺めていた。

神様なのか、仏様なのか、どんな心でどう運命を支配するものからのプレゼントなのか──わからないが、偶然にしては、余りにも完璧な風景との時間を過ごした。

啄木の生まれ育った渋民村にそびえる姫神山、その向こうに雲に囲まれうっすらと頂上を覗かせる岩手山、二つの山の連なり。それから故郷の仙台の街並みを眼下に見るまで、遥か彼方にそびえる月山、北上川や宮城県内の田畑等──。それが仙台を過ぎ、俄かに雲の中に機体が突入し、何も見えなくなり…。

余りにも深すぎる何かの意味が、このわずか15分か20分程の時間に含まれている気がして、この体験にただただ僕という人間に託された何かを意識せずにはいられなかった。

飛行機のない時代、宮沢賢治ですら眺めることが不可能だった上空からの景色──。

10・11（金）

午後、『流氷伝説』の音楽と制作を務めたＴさんから、御礼の電話を頂き、あらためて今回の体験に素直に感謝したい念に満たされた。２月末のパーティ以来、８ヶ月間の長さに加え、予期せぬ展開が加わり、正直晴れ晴れした気持ちで終えることは出来なかったが、『幻の光』と同様、おそらく何年か後に、今年のこの〝体験〟の重さ、価値が判ってくるだろうに違いない。とにかく、合理的に勝つことが大切なのではなく、他人に見えないところで、どう「人間」を貫けるか、ということ、それを痛感した。

11・1（金）

東京新聞、松本サリン事件の被害者河野さんが破防法をオウムに適用する件について反対を述べている記事を読み、河野さんが受けた〝人的被害〟のおぞましさ、とりわけマスコミ報道を鵜呑みにして抗議の電話や無言電話をかけてきた人々からひと言の詫びもないという状況など、人間そのものが果てしなく病んでしまっている日本という国の救いなさを思った。

昨夜の『ニュース23』に出演していた岩井俊二映画監督は、日本は病院のようだと語り、一方東京という街は優しすぎるとも語っていたが、例えば岩井さんの仕事と河野さんの人生的な局面とを一体どう捉えればよいのか。直接結びつくこともないようでいて、この陽と陰の対比には、何か「現代」を解くカギがあるように思えてならない。

いずれも映像、マスコミを通じ、河野さんは〝加害者〟と報じられ、実際には〝被害者〟であったのに対し、一方岩井氏は、深夜のＴＶ番組で瞬く間に若者の人気を得、レンタルビデオ店に何本もの作品ソフトが並ぶ…。

この世界は、現実に対して虚構があるのでなく、最早現実が虚構化してしまい、虚構によって現実が隠されてしまっているのだろうか。人の被害や人の死、苦痛、こころ、叫びなどが、そのまま伝達されず、その極限として他人の痛みも立場も状況も理解できない。それを仮に〝いじめの土壌〟と名付けるとして。果たしてその根本は何にあるのか？

河野さんは「オウムをいま恨む気にはならない。」と語っている。「恨む気持ちそのものが、自分自身にとってマイナスに作用するし、オウム信者の人々も、歪んだものからの痛みや苦痛故に信者になり、元々かわいそうな人たちと思わざるを得ない。」と語っている。河野さんは、人は生まれながらに悪人ではあり得ない、とする〝性善説〟を信じることに救いを見出そうとしているようだが、だとすれば、何が一体人を歪めてしまうのだろう。

全く個人のレベルで善と悪とが対立するなら、例えば『夕鶴』の与ひょうのような欲のあり方が根本にある、という風にも語れるだろう。だが、それでは河野さんが被った被害の、余りの質の悪さを言い当てることは出来ない。この質の悪さは、目に見えぬところで相当数の人間が、過剰なでっち上げやいじめの状況を作り上げ、それをまともに受け取ったこれまた相当数の人間に、陰湿な〝抗議〟や〝嫌がらせ〟に加担させる性格をとるからだ。この集団的、全体的、連鎖的な〝暴力〟は、僕には決して「欲」や「悪意」が根本にある為、とは思えない。

むしろ、他者の自由、生命に対する「責任」とでも呼べるものの有無こそが、その根本なのではないのか？

岩井氏の映画『スワロウテイル』に感じたある種の〝危険さ〟と、河野さんの受けた被害のおぞましさとを、同じ皿の上で考え、論じ切るのは難しいとしても、たとえ別の回路を通じてでも、両者について、自分なりに深く追及して行かなければならないだろう。

杉村先生の納骨式　富士霊園にて

ダイアナ元皇太子妃、交通事故死。

文学座は創立60周年を迎えたが、杉村春子先生が逝去、サザンシアターでの新作は急遽追悼公演となった。劇団以外のT・ウィリアムズ作品で演出助手。3月アトリエで、別役実氏100作品目となる公演の舞台監督。千秋楽を待つかように杉村先生が亡くなられた。念願の文化庁派遣在外研修が正式決定となり、10月7日から翌年9月21日まで、350日間の滞在の為スウェーデンへ出発。

【主な仕事】

●メジャーリーグ・TBS製作
Bunkamuraシアターコクーン
ガラスの動物園（2月）
○文学座アトリエ
金襴緞子の帯しめながら（3月、4月）
○文学座・三越提携公演　三越劇場
野分立つ（4月）
○紀伊國屋サザンシアター
石榴のある家（5月、6月）
○文学座アトリエ
寒花（7月）
○文学座・三越提携公演　三越劇場
盛装（8月）

'97・1・1（水）

おだやかな元日。

両親と大年寺山へ登る。

冬咲きの桜の下で缶コーヒー飲む。（仙台）

5・18（日）

一昨日、文化庁「在外研修」の正式決定、説明会を無事終えた。

パーティでは、衣装のDさん、劇団S座演出部のI氏等と語り合い、先ずこうした場でオープンにいろんな方と話し合える自分でなければ、という大きな宿題をもらった。

—スウェーデン出発まで140日余り。将来を決める大事なこの期間を、とにかく鍛錬鍛錬で進もう。

7・13（日）

アトリエ公演スケジュールの過密さに加え、週初めの酷暑等もあって、連日疲労状態から抜け切れず、語学学習等思うことが何ひとつ手つかずの状態にある。ここはひたすら忍耐、イライラせずイメージを先へ先へ拡げるしかないのだが。—それでも昨夜、本番中に研修生のA君と話したりした時間は、何かしら自分自身を解きほぐす効果をもたらしてくれる。また、たまたま演出部の部屋にあった雑誌のインタビュー記事で、青森出身の料理家・阿部なをさんの話は、すこぶる面白く、何かしら今後のヒントになった。

「料理は足し算でなく、引き算」「料理こそ自分が一対一向き合える生きた時間」等。生活を取り戻すための闘い、あせらずに。

9・15（月）

新宿南口のK書店で買い物をしながら、今度のスウェーデン留学のことについてあれこれ思いをめぐらせた。Tデパート内にある中華料理店で昼食をとろうと長蛇の列を作る人々。豊かさ、繁栄という現象のひとつであることは認めるが、一方、何か様々な雑事に煽られ、そうした中で、夜ギターを弾いたり、LPを聴いたり、日記を書いたりしていた時間的余裕を、すっかり失ってしまっている自分を改めて感じた。

留学のことを思うと、やりたいこと、やらねばならないこと、まるで野球場に近くなるにつれて、気持ちが高ぶり早ってゆく子供のような心理状態になる。―出発までの残り日数は、もう3週間しかないのだが、決めたメニューを完璧にこなすということよりも、スウェーデンでこそ過ごしてみたい〝人間的な生活〟そのリズム、余裕を、ともかく今日からでも実行、準備してみたいものだ。ゆっくりやろう。残った宿題は、スウェーデンへ持ち込めばいいだけの話だ。

10・2（木）

翻訳家Aさんから「楽しんで来て下さい」とのメッセージ。

追い立てられるのでなく、ゆったりと生活を味わって来よう。

JUMP

STEP

HOP

幸福論を旅しよう

―裏方がルポしたスウェーデン　１９９７～１９９８

文化庁芸術家在外研修員の３５０日間の生活体験記

はじめに

1997年10月から翌98年9月まで、私はスウェーデンの首都ストックホルムに350日間滞在しました。文化庁が平成9年度に派遣した「芸術家在外研修員」92名の中の一人に選ばれての幸運な体験でした。出発に際し、当時所属劇団だった「文学座」の仲間や、選考にあたって推薦団体となって頂いた「舞台監督協会」(現「日本舞台監督協会」)の先輩諸氏からも、最も集中した質問は、私の選んだ研修先が「なぜ演劇の本場であるアメリカ、イギリス、フランス等ではなく、北欧のスウェーデンなのか?」というものでした。

……青に黄色い十字の国旗のデザインが気に入っているなど、十代からの単純な憧れは別にしても、渡航への思いを一層強くした過程には、ここ二十年余りの間の幾つかの出会いが積み重なったように思います。先ず二十代、人形劇団「プーク」の養成所で、今回の受け入れ先を決める等にあたり最も御世話になった方の一人、故・宮内満也氏の「スウェーデンの演劇状況」に関する講演を聞き、スウェーデンがアメリカ、イギリスに次いで演劇の盛んな国であると知ったこと。また三十代後半に読んだ藤井恵美さんの著書『私のスウェーデンびいき』などにより、70年代以降、果敢な改革により〝平等政策〟を推し進めたスウェーデン社会への興味が増したこと。

いずれにしても、文化庁に提出した研修題目は『スウェーデン高福祉社会下における舞台監督の環境と養成』というものでしたが。たまたま出発直前、「舞台監督協会」事務局では、協会員156名を対象にアンケート調査を実施し、その結果から、日本の舞台監督さん達は、自らの職場での境遇について「3K」(きつい、汚いならぬ危険、食えない)を訴えている、と痛感させられたものでした。
そんな中「女性、高齢者、障害者、在住外国人……すべてにやさしい社会」「生活大国」スウェーデン（岡沢憲芙『スウェーデンの挑戦』）では、裏方に対してもやさしいだろうか？　福祉の行き届いた国で、演劇など舞台芸術はどんな状況下にあるだろう。舞台監督やスタッフは、どんな職場で働き、どう生活しているだろう….
そんな訳で、スウェーデンというまだまだ知られていない国で私が触れ、感じたものを、演劇の仲間、専門家の方々に限らず、広く知って頂き、何かへの契機にして頂ければ、そう考え、三部構成のレポートにまとめてみました。

Ⅰ　誌上写真展
Ⅱ　体験ノート
Ⅲ　研修報告より

当然ながら、言葉の壁にぶつかり、苦心しながらも、私なりに挑んだ研修体験の記録です。写真とともにお楽しみ頂ければ、幸いです。

２００４秋／遠州まさき

I　誌上写真展　スウェーデンの演劇と都市環境

王立ドラマ劇場の賑わい

『桜の園』公演、二階のカフェで休憩時間を楽しむ人々。
建物は1908年完成のもの。（'97.10月）

自然の中の首都

ストックホルム市の中心街からわずか2キロ。メーラレン湖畔の北岸にある公園の散策路。

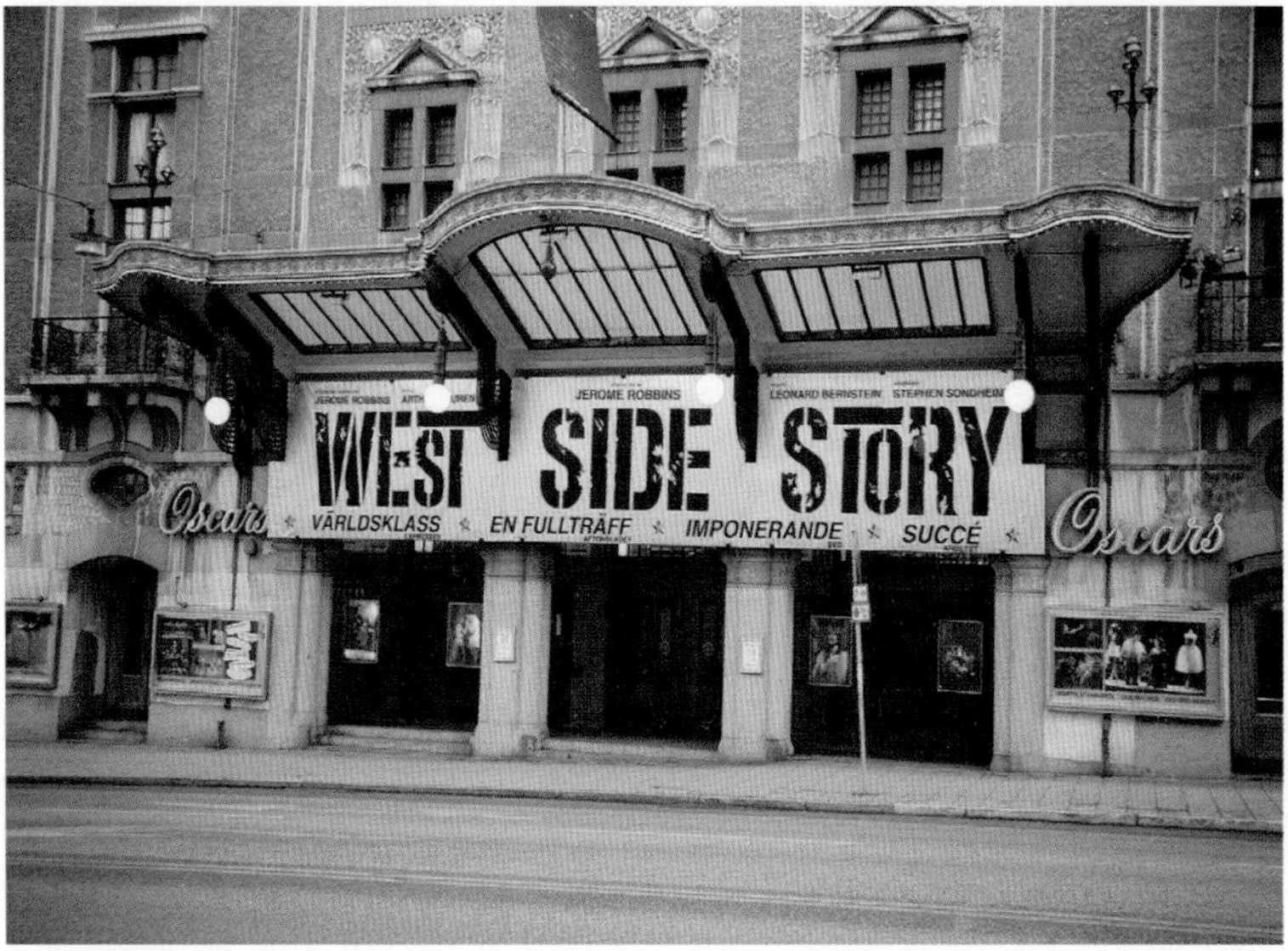

ロングラン公演

商業劇場「オスカー・シアター」では、スウェーデン語によるミュージカルが二カ月目に。（'97・11月）

カーリンさんの食卓

クリスマスの頃は赤を基調としたカーテンやテーブルクロスで。夏至祭の頃は青と黄色に。　(’97. 12月)

路のあるカフェ

セント・エリクス街のデパート内。
テーブルの脇をベビーカー、車椅子が自由に行き交う。

自由演劇空間

元バスの車庫を利用した「オリオン・シアター」。毎回話題作を提供。子供向けの公演もある。　(’97・11月)

地方立劇場／本番用衣装の製作場

ヴェクショー市「レジョン・テアテルン」。三つの稽古場、大道具等の各作業場を備える。

（'98・1月）

ストックホルム市立劇場内

「ウンガ・クララ」「ロンガ・ネーサン」の2グループが若者、子供向けの意欲作を公演。

（'98・2月）

地下鉄美術館

〝世界一長いアートギャラリー〟とか。各駅毎に楽しめるが、長い冬場は特に効果を発揮。

春を待つ雪だるま

湖にはまだ氷が張っているが、わずかでも日光を浴びようとする切実さは、住んでみて解る。

越冬スワン

歴史的な暖冬で留まった白鳥か。右はLとTを組み合わせた文学座のマークに見えました。

木を大切に

無闇な伐採は罪悪というモラルが受け継がれ、新たな建築物と自然との〝共存妥協策〟が。

雪下ろしのヒント

中心街の建物は、どれも同じ高さで揃えられているので、こうした作業は平行移動で済む。

ロビーのくつろぎの場

これも元映画館「ポフォゲルン・シアター」。「パントミーム・テアテルン」の公演にて。（'98・5月）

花摘む乙女心

メーデーの日。市内は一気に花盛り。「テクニカル・ハイスクール」界隈の公園の風景。

小川のほとり

何か小さい水の生き物でも見つけたのか。歓声を上げて覗き込む子供たちの姿と出会った。

プライベートな空間

世界一読書好きな国民と言われるが、自由に選べる場所は、一人分としてはとても広い。

「リクス・テアテルン」施設調査

国外には「国立巡業劇場」の名称で紹介される。ここで製作された作品を国内全域で公演。

3階の「かつら」の製作場。稽古場が同じ建物にあるので、俳優の寸法もその場でとれる。

4階は衣裳、靴、帽子、ベルト等が保管される。各時代、レパートリー別で整然と管理。

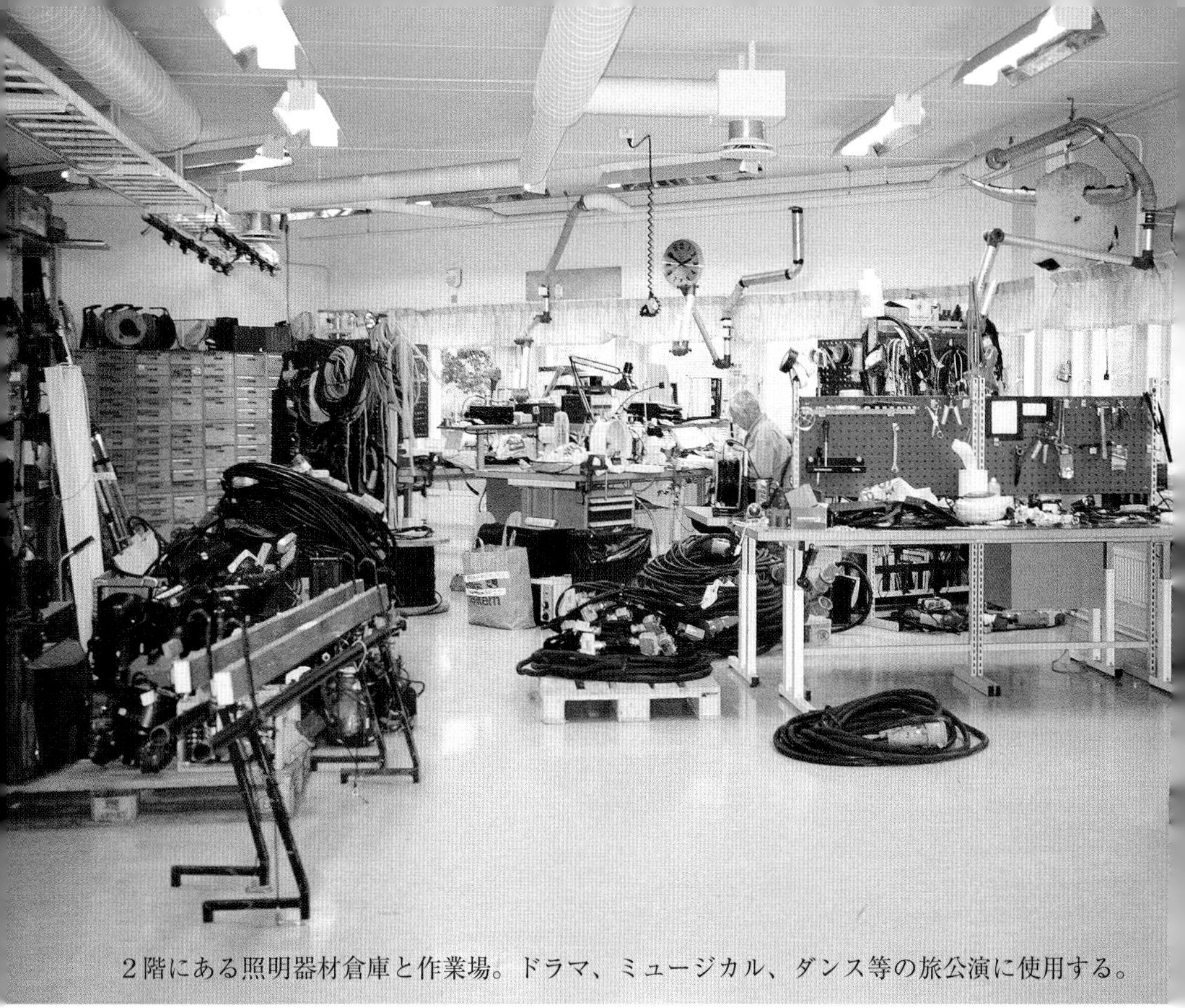

２階にある照明器材倉庫と作業場。ドラマ、ミュージカル、ダンス等の旅公演に使用する。

ドラマ、児童劇、ダンスなど、各アンサンブル専用の稽古場が６つある。開閉式の緞帳も。

大道具の製作場。更にこの奥には、家具類を製作する木工、また金属加工の施設も完備。

パーク・テアテルン

46年もの伝統をもつ。入場料なしの公共サービス野外劇。
ミュージカルの特設舞台。（98. 6月）

白夜のエアロビクス
スポーツの盛んな国だが、バカンスの季節ともなると、ラジオ体操よろしく公園に集う。

野うさぎ

夏至祭が近づく頃、夕食後も白夜の下で散歩を楽しめる。とある運河のほとりで見かけた。

テント劇場現る

ＴＶ塔「カクネス・タワー」近くの原っぱに特設。『ニルスの不思議な旅』を舞台化。

（'98. 7月）

はだかの文豪

国民的作家ストリンドベリィは、漱石と源内、太宰治をミックスしたような独特な愛され方だ。

国立スタッフ養成校を視察

演出、装置、劇作、照明等9部門、舞台現場経験者を対象に一年間教育。授業料はタダ。（98・9月）

スケボー天国

若者たちの要求が予算化されたか、あちこちの公園で見かけるこの施設が、また増えた。

Ⅱ　体験ノート　1997・10―1998・9

銀行口座をひらく

10月7日にスウェーデンの玄関口アーランダ空港に着いてから五日の間に、偶然かも知れないが、スウェーデンの人たちからの幾つかの親切と出会った。初日は空港からストックホルム市内までバスで入り、地下鉄へ乗り継いだが、トランク本体だけで7キロもある30キロ近い荷物を引きずって、T・セントラレン駅の階段を降りようとした時、すぐ後ろを来た青年がすかさずトランクを積んだカートの後方を持ち上げ、プラットホームまで一緒に運んでくれた。

二日目は郵便貯金の口座がひらけるかどうか、郵便局の青年職員に相談した際、午後3時というのが常識的にも遅すぎたのは当然として、青年は「国外からの送金を受け付けるのは手続き的に難しい。税務署でパーソナル・ナンバーを登録するとか、スウェーデンは他の国とまたシステムが違うので。」と英語で丁寧に説明してくれ、「来週月曜午後3時、口座担当のこの女性ともう一度時間を作るように。」と、電話番号にアンダー・ラインを引き、僕に女性職員の名刺を手渡してくれた。

三日目、僕に一年間アパートを貸して下さる平山光太郎氏のアドバイスに従い、近くのフレミング通りに面したS銀行へ出向くと、30代初め位の男性行員が応対に立ち、「現在この支店では口座をひらく部署は閉じている。ここから歩いて5分ほどの支店で出来るから、住所を教えよう。」とメモを書いてくれ、僕が「地図を持っている。」と出して見せると、「この通りを歩いて、ここの角だ。」と教えてくれた。

前日の郵便局員といい、仕事だから丁寧に受け答えするのは当たり前とは言え、互いに外国語で会話をラリーするからゆったりするのか、応対の仕方にとにかく親切さを感じつつ、メモと地図を頼りに足早に目標の支店を探したが、なかなかたどり着かず、20分近くうろうろ歩き回った。

さて、やっとハントヴェルカル通り角の支店を発見したが、中へ入り、番号札を引いて待ち、順番が来て呼ばれ、そこで応対してくれた女性行員が殊の外親切だった。僕が外国人であるせいかも知れないが、パスポートとビザ、身元証明のための幾つかの書類を提出し、「日本からの送金を受けるための口座をひらきたい。」と申し出ると、彼女は少し難しそうな表情をしながらも、新たに口座をひらくための申請書をカウンターの陰から取り出し、何と、本人に代わって名前から住所、ストックホルムでの受入先や電話番号など、必要な事項を全部彼女自身の手で書いてくれて、最後に、サインの必要なところにだけ僕がサインをした。

有難さいっぱいのまま、「キャッシュカードを持ちたいのだが。」と申し出ると、「三、四日後に郵送で貴方の住まいに届きます。この中に暗証番号が書いてあるから、帰ったら見てくれ。」と小さい封筒を手渡してくれ、「カードが届いたら、また来ます。」と言って、僕は銀行を出た。

部屋へ戻って、小さい封筒の文面をいちいち辞書で確認しながら理解したが、スウェーデンでは所謂「暗証番号」は銀行の方が指定するシステムになっていて、日本での確定申告の還付金の通知みたいに、指の先で封筒の端から丁寧に剥がし、僕は自分の「暗証番号」なるものをつくづくと見た。

注意書きにあったように、忘れないためのメモを他人に知れないところに認め、何か艶っぽいやり取りで待ち合わせの場所と時間を決めたみたいな、妙なくすぐったい気分のまま、封筒をビリビリに細かく引き千切り、屑入れに捨てた。

1997・10・12（日）

英語での持て成し

十日目になって受入れ先の「シアター・ペロー」を訪問。グループ・リーダーの演出家・ペーター・エングクヴィスト氏が会見して下さり、前日作成した研修目的と年間プランに目を通して頂いて、十一月中旬からの稽古に参加させて頂くという承諾を得た。「シアター・ペロー」は、ストックホルム市のほぼ中央スヴェア通りにあって、1983年創

設、元映画館だった建物を改装、ロビーをアンリ・ルソー風の絵によるファンタスティックな空間に変え、演技にはパントマイムの手法等を活かし、子供向け、大人向け、両方の芝居をコンスタントに上演し続けて来た。

いかにも人懐こく、お話し好きのペーター氏に解きほぐされたこともあって、同席されたニーナさんという事務の方が、早速その晩上演されるペーター氏演出の大人向け芝居の招待券を手配して下さることになった。

夜七時開演。約2時間の出し物。ある女性作家が書いた小説を脚色した同名『VÄRDDJURET』(寄生動植物の宿主の意)で、男二人、女二人の登場人物四人だけの舞台。—生まれつき右足の付け根に蝶の形のアザのある少女の物語で、性的な体験を中心に、人間社会から痛めつけられたヒロインが、背徳的な性交渉の果て、最期に蝶を産み落とす、と言った、いささか現代神話的な世界だ。勿論、台詞は総てスウェーデン語なので、細かく理解は出来ないが、ペーター氏がマイムやギャグ、音楽等使って、笑いを誘ったり、逆にシリアスに絞り込んだり、工夫を凝らしていることがよく解るし、何より床面も背景も黒の空間に、白く浮き出す格子の枠、蝶の形をしたドア、イス、テーブルが俳優達の手で「少女の家」「美術教室」「何種類もの蝶を飼う温室」になったり、空間的変化を観客のイマジネーションで補える様に仕組まれていて、台詞と動き、衣装とセット、照明と効果音、演劇を構成する最低限の要素が持つ力というものをとても新鮮に意識させられた。僕の後ろで舞台を見守っていたペーター氏から求められた訳でもないのだが、「シンプルで詩的で空想的でいながら、シリアスだったのが良かった。」それから「孤独というものを感じた。少年期の体験、記憶、自分だけの孤独を思い出させられた。」

と伝えた。

終演後、楽屋でペーター氏から出演者達に「日本のステージ・ディレクターだ。」という紹介のされ方をして、そのまま二階にあるカフェに赴き、窓際のテーブルでワインを飲んでいた女性三人に再び紹介され、窓外の明かりとローソクだけの心地よいほの暗さの中、芝居談義、日本とスウェーデンの違い等、オシャベリした。「日本の演技は伝統的要素が強いのか？」「スウェーデンの演技スタイルは理解出来たか？」「日本人は歌舞伎も現代劇も両方観るのか？」まるで容赦のないスパイク責めにあっている新入バレーボール部員のように自らを感じつつも、懐深くレシーブすることだけ心掛け、話題をさっき観た舞台の印象に移行、「シンプルなのが先ず良かった。衣装がとても自然だった。」と切り出すと、質問責めの張本人だった女性が、「本当？私はこの芝居の衣装デザイナーなのよ。」と答えたので、その後は何だかすっかり打ち解けてしまった。

これも皆、ペーター氏がそれとなく僕も加われるよう英語での会話を仕組んでくれたお蔭なのだが、それにしてもかなり長い冗談やエピソードを語るにも、皆さん喜んで英語で話し合ってくれた。

閉店時、スウェーデン語でペーター氏と個人的に話し込む女性達の姿を見て、この国の人たちは、若い人でも皆ちゃんと成熟している、──そんな印象を強く心に刻んだ。「グッド・ラック」まだ十日目なのに、衣装デザイナーの女性から、何とも素敵な握手の手を差し出された。

1997・10・18（土）

散歩道発見

四日後「ペロー」では、アイスランドの俳優夫妻が演じる『ORMSTUNGA』（蛇の舌の意）が上演され、これも演出を担当されたペーター氏の御好意で、終演後の打ち上げにまで参加させて頂いた。男

一人女一人の舞台、千年も前から語り伝えられてきたあるラブ・ストーリーを構成したものとか。パントマイム、ドアの開閉等の擬音やら、二人ともとにかく芸達者で、特に女性が大小二本のリュートを同時に吹き、左右の指でさり気なくハーモニーを奏でたのには驚いてしまい、「日本の観客なら絶対に拍手する。」とペーター氏に告げると、ペーター氏はそのままをその女優さんに伝えてくれた。

……最初のひと山を越えた安堵感で、最後の乾杯の時「コニャック飲む人！」と皆さん手を挙げるのに同調したのも手伝い、翌日は頭痛がして昼過ぎまで寝込んだ。これも出発までの荷造りやらの疲れがドッと出たのか。こうなれば出発前、暖かく送って頂いた皆さん誰もが「のんびり楽しんできて。」と言って下さったのに甘え、散歩でもするか。

さて最初に出会った散歩道は、ノーベル賞受賞者を囲む晩餐会場で名高いストックホルム市庁舎の近く、リッダル湾の湖畔沿いにある細長い公園。……発見したとはいかにもロビンソン・クルーソー的表現だが、でもバッタリ出くわしたのも事実。例の銀行の支店を探すのにうろうろしていたら、誰かに教わった訳でもなく観光汽船の発着所のような処へ出てしまい、頭上をカモメが飛んでいて何て気持ちいいんだろう、銀行の帰りに早速舞い戻り、我が家の方向を意識しつつ、どんどんその公園へ足を踏み込んでいた、という次第。

そもそも観光ガイドブックによれば、ストックホルム市自体、メーラレン湖、サルトシェーン湖と言った湖に取り囲まれた大小14の島々（22という本もある）からなる水の都だそうだが、僕が今回一年間住むことになったパルク通りも、木々の美しいクロノベリィ公園に隣接しているし、街のなかに公園が点在すると言うよりは、どうやら森や湖の中に都市がある、その実感の方が日々強くなって来た。東西を結ぶハイウェーと平行した湖畔の散歩道は、車の音も気にならず、並んでオシャベリしながら乳母車を押しすれ違う主婦達、これまた乳母車を押す若い父親達の数もなかなか多く、チェーホフの『三人姉妹』に登場するアンドレーのような哀れさは皆無。かと思えば、どれも立派な犬を引き連れた老人、婦人達、スウェット・スーツに身を包んだジョギング愛好の男女等々。

おそらく十月という季節は、風こそ冷たいながら、最も美しい時期のひとつとも思われるが、白樺などの木々は色づき、落ち葉は道にも芝生にもふんだんにあふれ、その間をSKATA（カカサギ）などがチョコマカ往き交う。だが10メートルも歩くとすぐまた足を止めたくなるのは、何といっても湖の水がタメ息の出る程に澄んでいることだ。水鳥達の足の動きがよく判るし、たまに空き缶が捨ててあっても、まさに自然が圧倒している。時折遊覧船が対岸沿いを過ぎ、アーチ状の橋桁の美しいヴェステル橋をバスや車に混じってゆっくり人が渡るのを眺めたりしながら、野生のままに自然が人と共生している――この不思議さを、どう表現したらいいのか、また立ち止まった。

ある日のこと、暮れなずむ湖畔をまたどうしても歩いて帰りたくて、とても信じられない光景と出会った。三羽の白鳥と八羽の真ガモが、スーッと湖面を移動して行く。「何だろうな。」と思ったら、見晴らし所の手摺りから手を出している父親と子供の方へ近寄って行ったのだ。鳥の方から人間に。この体験は、その日の天候と時間が造り出したセピア色のシルエットとして、ジワッと印象づけられ、離れない。

10・24（金）

シアター・ガイドの秘密

各種チケットの前売り、観光案内、土産、絵葉書や地図、各国語によるガイドブック、写真集、児童書など揃えた「SVERIGE HUSET」（スウェーデン・ハウス）へ初めて行った日、「芝居を観るための情報誌はないか？」とチケット・コーナーで尋ねたところ、それならと差し出されたのが「STOCKHOLM TEATER GUIDE」という、新聞の一面大のをタテ長で十五分の一に折ったもの。毎月発行で、約五十ものストックホルム市内の各劇場名がABC順に並び、ドラマ、児童劇、ミュージカル、人形劇、オペラ、ダンス、また王立（国立）、市立、小劇場の区別なく、「総て平等、何でもお勧め」に網羅され、お買い得どころか、何部でも無料の粋な情報誌。我が家へ帰って早速床の上に広げ、競馬の予想よろしく蛍光ペンで観たい演目、劇場を色分けし、ここ二週間で七本の舞台を観たのだが。

……それにしても、ここ三、四日は底抜けの青空。日中の気温は10℃を少し下回る程度なので、多少ともこの地に慣れた身にはとても暖かく感じ、十一月中旬からの本格的な研修活動を前に、年間の計画をより具体的に進めたくて、SÖDERMALM（南の島）の入り口、スルッセン地区に事務所を構える「ITI」（国際演劇協会）のスウェーデン・センターを訪ねた。女性理事長アン・マリ・エンゲルさんとの初会見。「スウェーデンの演劇的な環境、特に舞台監督とスタッフ達の職場や生活環境を一年かけて調査したい。」という僕の目的、計画を話し、「僕の問題は、まだ舞台監督専門の方と面識が無いことです。どなたか舞台監督の方を御存知でしたら、紹介して頂けないでしょうか？」と本題を切り出すと、……「stage manager」というのは、スウェーデン語では何というのかしら？と「NEW THEATRE WORDS」という六ケ国語による演劇用語辞典を取り出して来られたので、「それは僕も持っています。」と言いながら「inspicient」という同義語を拾って確認し、それからは電光石火、スウェーデン演劇の本元「王立ドラマ劇場」（通称ドラマーテン）で舞台監督を努めていらしたという方の御名前と連絡先とを教えて下さり、アン・マリ・エンゲルさん自ら電話し、「彼は今休暇中だが、劇場へ直接電話すれば連絡が取れるから。」と執り成して下さった。

「実は昨夜、ドラマーテンでヴィルヘルム・モーベリィ作『ÄNKEMAN JARL』（やもめ男ヤール）を観たが、ストーリーは実にシンプルだが、充分に楽しめた。これまで日本には、ストリンドベリィ、ベリィマン、またラルシュ・ノリーン等、有名で芸術的、前衛的なものとかは紹介されてきたが、モーベリィの芝居を観て、こちらで本当にポピュラーでベーシックなものが何か良く解った。」と僕。アン・マリ・エンゲルさんは、盛んに頷いて僕の話に賛同して下さったと見え、隣りの部屋まで行ってスウェーデン演劇に関するパンフ、演劇事情を知るのによい入門書の推薦もして下さり、「これは持ってる？」と例の「シアター・ガイド」を差し出した。「持ってます。これはとてもユースフルです。」と答えると、彼女はパチッと指を鳴らし、「これは私が編集してるのよ。」と仰しゃった。

なる程、「シアター・ガイド」を開きよくよく見ると、「ITI」のマークが最上段に紋付きのようにあるし、発行元の住所も電話番号も紛れもない。ゆったりと明るく広い事務所を構え、こうした情報誌まで発行可能とは。政治的な理解度、文化予算、環境の豊かさというか。

いずれにしても、「スウェーデン・ハウス」「シアター・ガイド」「ドラマーテン」「ITI」―何と分かり易い円が描けることか。

11・1（土）

暗中の灯、―研修開始

ハロウィンを過ぎ十一月初旬に入ると、太陽はめっきり顔を出さなくなり、午後四時半以降はもう真っ暗。明るくなるのは朝八時半頃だから、日のある七時間程のあいだに外出しておかないと、大変損をした気になる。かと言って、冷たい風にさらされ歩くのは、汗をかかない実感に逆らって体力を消耗しているものらしく、アパートのセントラル・ヒーティングが常時20℃を保ってくれているとは言え、帰宅直後はどうしてもベッドに横になり、毛布で身体を覆って小一時間じっと休むのが習慣になった。

日本を発って一ケ月半。最初の半月は何もかも新鮮で心身ともに高揚状態、次の半月は、多少の慣れと緊張の緩み、疲れとで下降線を描き、新聞、テレビを含めての日本語によるコミュニケーション、情報の欠乏感。加えて〝光と色彩への飢餓感〟とでも言えばいいか、個人的なものなのかも知れないが、北欧特有とも思えるある種の不安感を自覚した。―だがこうした幾つかの欠乏感覚は、各店のショー・ウィンドー、家々の窓辺の花、デパートの食器売り場、生地売り場、ガラス器の美しさ、地下鉄のホームの壁に描かれた各駅独自のイラストや絵画、それらの色彩に救われ、スウェーデンの人達が、冬場いかにして自分達の気持ちを常に明るく持ちこたえるか、個々と社会全体の努力と工夫を、ごくありふれたものにこそ感じ、感心するとともに、何か身の引き締まる思いに落ち着くことが多かった。

加えて何より元気づけてくれるのが舞台で、「ペロー」の稽古が始まる十四日までの待ち遠しい時期、商業劇場「オスカー・シアター」で観た『ウェストサイド・ストーリー』、「ストックホルム市立劇場」での『屋根の上のヴァイオリン弾き』スウェーデン語によるこの二本のミュージカルは、衣装の色やダンスの動き、歌、生演奏の迫力、そして何より劇場へ足を運ぶお客達の熱気が刺激となり、この土地での舞台という存在の自然さ、切実さを思わずにはいられなかった。

さて、肝心の研修第一弾「ペロー」の稽古への初参加は、こうした心細さの井戸の底にスウェーデン人達の手で明かりとロープを差し出されたような季節に始まり、胸中片思いにも近い彼らへの親近感で、四日間の稽古に臨んだ。

……作品は、スウェーデンで人気の絵本作家ウルフ・スタークの『MIN SYSTER ÄR EN ÄNGEL』(僕の姉妹は天使:邦題「おねえちゃんは天使」菱木晃子 訳 ほるぷ出版)を子供向けの一人芝居に舞台化するというものだが、公演初日が二ケ月半も先とは言え、稽古は実にマイペースで淡々としたもの。演出のペーター氏の家の近くにある事務所と倉庫を兼用したようなマンションの一室が当面の稽古場となり、出演者のユルゲン・アンデションン氏、脚本のマリエ・ペルションさん、装置、衣装、小道具、メークを一手に引き受けるアグネタ・アンデションさん、それに僕の四人は、毎朝最寄りのBjörkhagen駅まで地下鉄で通った。

……稽古は最初から本読みは無し。ペーター氏が劇場から持ち込んだ四尺の脚立を使って、ペーター氏が与えるアイデアでユルゲン氏が同じ場面を何度も違うギャグで試演する。それを観てマリエさん、アグネタさんも自分の意見、アイデアを言い、四人でディスカッションしては、また違うアイデアを試みる。

ペーター氏に言わせると、最初から完成された台本を持つということはなく、いつも関係者で意見を言い合いながら何回も試して、徐々に最終的な上演台本に練り上げていくのだ、との事。朝十時に始まり、一時間食事休憩、四時半には終了。演劇人と言えど、日のある間にだけ働く彼らの生活スタイルが嬉しかったが。

ああ、——半月後の稽古の再開が待ち遠しい。

11・17(月)

豊かさの糧

いつもの湖畔の散歩道の対岸にそびえる二つの塔を持ったヘーガリッツ教会の近くに、人形劇場「TーTTUT」(イナイイナイバァの意味)がある。朝十時四十五分開演の劇終演後に、代表者のイングマリ・ティレーンさんと会見出来ることになり、地下鉄でグルッとまわるより、あのヴェステル橋か

ら「南の島」へ行こう、と決心した。—ここ三、四日の冷え込みで、今朝はうっすら雪化粧。初めて歩いて渡る橋からのダイナミックな景観に酔い、白く冷気の立つ湖、公園の木々、雪を被った家々の屋根、青っぽい灰色の空にカメラを向け、シャッターを切った。……今朝聞いたBBCの短波放送では、偶然日本の話題。銀座等の繁華街に豊富な生ゴミを求め、大量のカラスが棲み着いた、とか。こちらではいつ凍りつくか分からない湖面に、白鳥たちが身を寄せ合う……。

午前十時半、目的地到着。人形劇場「TITTUT」は、これぞスウェーデン、と誇るべきユニークな劇団で、今年創立二十年を迎え、何と二歳半から四歳までの幼児向けのお芝居を創り続けてきた。施設は小さいようでなかなか奥行きが深く、可愛い人形やポスターのあるロビーの突き当たりにチケット売り場、そこから半地下のような階段を降り、舞台への待ち合い室があり、この日も何人かの母親、保母さんに引き連れられた幼児達が、絨毯の上に大勢坐り、絵本を見たり、玩具で遊んだりしながら開演を待っていた。

本日の作品は、クリステル・ダール作『Vilda Bebin får en hund』（やんちゃなベビン、犬をつかまえる）で、開演時、客席のドアから登場した二人の女優さんに導かれ、幼児達は期待感いっぱいで入場。……実は代表者のイングマリさんとは、二年前、十日ばかりストックホルムを訪れた際、「TITTUT」と一緒に仕事されている影絵劇創作のソウジ・カワキタ氏の御紹介で御会いしているので、何となく気心も知れ、「貴方はこっちから。」と指で合図をされ、僕は裏からまわる感じで客席の最後列に着いた。—やんちゃなベビンはママに手を焼かせっぱなし、仲良くなった犬と共に森で迷子になったりしながら冒険をし、お誕生日の夜、夢のなかで夜空をかけめぐる。……リンドグレーンの「ピッピ」に代表するような元気のいいいたずらっ子のキャラクターが、この作品でも生かされているが、何より感心したのは、幾つかの役を演じ分ける二人の女優さんの台詞の語気、リズムの心地よさ、出使い糸操り人形の実にしっかりした操作術。二歳半から四歳の観客を相手に、プロが真剣に演じてみせる。そしてプラスチックの黄色い台所用のボウルが、ケーキになったりお月様になったり。家庭での身近な道具類を使って、何かに見立てる楽しさを、このアンサンブルは生き生きと目覚めさせてくれた。……カーテンコール後、「ベビンと犬」のカードを僕も一枚頂き、幼児たちと一緒に未来への“想像力”を授かった気がした。

まだ昼前。物静かだが包容力の固まりのようなイングマリさんと、事務所でコーヒーを飲み、これから訪ねるべき幾つかの劇団と御友人を紹介して頂き、ホッとして立ち上がろうとしたら、「今日はソウジ・カワキタの誕生日だ。二人でＦＡＸを送ろう。」とイングマリさん。—僕とは入れ違いのようなタイミングで日本へ帰国され、ある公演で旅回りされているカワキタ氏には、二年前「ペロー」を紹介して頂いたり、また今回出発前にも、こちらの演劇事情の予備知識をあれこれ伺ったり。……懐かしい感謝の念で満たされ、スウェーデン語、日本語、二枚のＦＡＸをイングマリさんと送った。

この冬。何よりスウェーデンの人達と心通わすのが糧、と思いつつ。

11・28（金）

God Jul

十二月の稽古は六日から始まり、十九日からは「ペロー」の本舞台を使っての立ち稽古へ進み、劇の導入部も固まって来た。—ペンキ塗り職人の男が仕事の傍ら少年期の思い出を口にすると、工具箱からブロンドのヘア・ピースだの赤いワンピースだのが出て来た。男は自分が生まれる以前“流産死”してしまった天国の姉になり変わり、女装して映画館へ行ったり公園で買い食いしたり……。原作者の実体験とも思えるある少年の淋しくもおかしい行動の日々、そんな絵本の世界に、いつの間にか入り込む。—ペーター氏御得意の語りとマイム、軽妙なギャグのみで構成される演劇世界の基本線が、何度も重ねたディスカッションと小返し稽古によって徐ろに見えて来た感じ。

その稽古もいよいよ今年最後となり、新年からは

今回「ペロー」と提携するスウェーデン南部の小都市Växjö（ヴェクショー）で再開との事。ヴェクショーには出演者ユルゲン氏とセット等担当のアグネタさんが所属する「レジョン・テアテルン」（地方立劇場）があり、そもそも今回の企画母体はその「レジョン・テアテルン」である、とのこと。

稽古後、「ペロー」の真向かいにあるマクドナルド・ハンバーガー・ショップで軽食をとり、ペーター氏、ユルゲン氏と来年二月に開催される長野での冬季オリンピックのこと等話したが、「日本とスウェーデンと両方を応援したい。」と告げた僕の気楽さに対して、「アイス・ホッケーに勝つことがとにかく重要だ！」と真剣に語るペーター氏の言葉の強さがおかしくて、とかく国内の政治等に関して批判精神の旺盛な演劇人でも、サッカーやアイス・ホッケーの話題となれば〝愛国心〟が顔を覗かせる、どこの国にも共通したある素朴な人間臭さに触れた気がして、思わず和んだ。

ペーター氏、ユルゲン氏とは、もう暮れかけている午後三時のスヴェア通りで、「Vi ses! Gott Nytt År!」（また会いましょう！　よい新年を！）と握手し、手を振って別れたが、もうクリスマス一色で飾られたストックホルムの街を歩き、とにかくもこの二ヶ月半、「ペロー」をはじめとする演劇関係の人々に暖かく迎えて頂いた、という充足感に満たされた。

とりわけ昨夜、七時から開かれた「ペロー」カフェでのクリスマス・パーティにまで招かれたこと。「ペロー」で働く俳優、スタッフ、制作等の皆さん、その御家族四十人近い中に加えて頂き、ヴァイキング・スタイルでの手料理を味わい、「スコール！」と乾杯したこと。全員で元気良く合唱した後、恒例らしいのだが、劇団リーダーのペーター氏が進み出、演説よろしく誰について語っているのか判らないような濁し方でその人の年間の功績を面白おかしくたたえ、最後に名前を呼び、次々とプレゼントを手渡していく。—その〝儀式〟の四、五番目くらいに、僕のことについてかなり長々と紹介して頂き、思いがけずプレゼントを手渡されたこと。

……いずれにしても、こうした機会に何か堅苦しくない挨拶代わりのことをせねば、と考えていた僕は、クリスマス・ソングでは外国のものしか思い当たらないので、「これは日本の子供の歌です。」と前置きをし、「ゾウさんゾウさんお鼻が長いのね……」の歌をスウェーデン語に訳して二番まで歌い、「ペロー」の皆さんから盛んな歓声と拍手を頂いた。……さて十時過ぎに我が家へ帰り、プレゼントの包みを開けると、それはピカソの製作現場の表情を捉えた英語版の素敵な写真集で、表紙をめくるとペーター氏直筆のサインで「God Jul önskar vi Mr・Masaki」（よいクリスマスを願っています）とあり、暫くその筆跡をホワーッと眺めた。

12・21（土）

ウクライナのヴァイオリン弾き

新年はエクサイティングな幕開け。大晦日、テレビの実況中継でスカンセン野外博物館広場での旧年を送り新年を迎えるセレモニーを観、十二時を合図に花火が上がった、と思った瞬間、──隣り近所で爆竹のような轟き。花火だ、と大急ぎで外出着に着替え、通りへ駆け出し、すれ違った十四、五歳くらいの女の子に「Gott Nytt År!」と声をかけられながら、いつもの湖畔へと直行した。

　小雨模様にも関わらず、湖畔には大勢の人達がワインやスコーネ焼酎を酌み交わし、こっちと対岸とで張り合うような格好での〝市民花火大会〟。家庭用にしてはかなり本格的な打ち上げ花火がヒュー、パパン！と重暗い空に鮮やかな花を咲かせ、四方八方果てしない祝砲に誘われ、二時間近くも歩き回った。

　新年の始めは、こちらのカレンダーに合わせ、六日までは休みと決め、八日から我がアパートの主である平山光太郎氏が九日間滞在されたので、僕は研修調査用の英文による書類を下書きする傍ら、一昨年まで二十年近くもストックホルムで生活されたという兄貴分的存在の平山氏に従い、スウェーデンの御友達や在住されている日本人の方達にも紹介して頂き、実り多い毎日が過ぎた。

　例えば六日前、十日にあったエピソード。平山氏と僕とは、午後からとある教会で行われたDOP（洗礼式）に参列。平山氏は帰国前まで、王立オペラ劇場（通称オペラン）でバレエ・レッスンのためのピアニストをしてこられたのだが、その他にピアノ教師もしていて、教え子の一人であったスウェーデン女性がつい最近出産し、日本で言えば「お宮参り」に招かれた訳で、僕もカメラマン役を買って出た次第。さて、その教会へ向かうために地下鉄スルッセン駅で降りた時のこと。地下道の向こうの方から流れてくるヴァイオリンの音色にピタッと足を止めた平山氏は、突然「彼だ！」と声を上げ、足早にそのクラシック曲の聞こえる方へ。「どうしてその人だと判るんですか？」と訪ねると、「あの曲が弾けるのは、彼しかいない。」とか。なるほど、髭をたくわえた中年の紳士と平山氏との懐かしい再会の場面となったのだが、その彼は、元々は平山氏の御知り合いであるInezさんというウクライナ人女性の御主人なのだ、とか。いずれにしてもストックホルム市内の地下鉄駅の所々で、こうした〝辻芸人〟のような人達が、コインを投げ入れてもらうために楽器のケースを広げているのを見かけるが、教会へ向かう道々、「彼だってウクライナでは技術的にちゃんとした音楽家の一人なんだけど、冬はこうして出稼ぎに来てるんだ。」と平山氏からひとつ教わった。ところが教会へ着き、洗礼式も一通り済んだ頃、平山氏は急に僕に頼み事をして来た。この後ピアノの教え子の御実家で、ちょっとした御祝いのパーティが開かれ、我々も御誘いを受けたのだが、そのパーティの場にさっきのヴァイオリンの彼を連れて来て、何曲か弾かせてやろう、と言うのだ。僕の方が席を外しやすいという事もあり、雨の中駅の地下道へ戻り、僕は彼に、ちょっとした仕事が出来たことを告げ、慌ててヴァイオリンをケースに納めた彼と、教会へ引き返した。さて教会から徒歩で十分程の距離にある御実家、—つい最近建築デザイン部門で賞を取ったという、円形の広場をグルっと取り囲むような形で立った高級マンション群の一所帯に僕らは招かれ、ウクライナの髭の彼は、手持ちのラジカセから流れるピアノ伴奏に合わせ、耳慣れたクラシック曲を幾つか奏で、盛んな拍手を浴びたのだった。

その平山氏が帰国する日、空港へのタクシーでも運転手との間で話題になったが、スウェーデンでは１９２０年以来の暖冬とか。東京ではつい最近大雪が降ったそうなので、何か申し訳ない気がする。

1・16（金）

芸人はアーティスト

アパートから徒歩十五分のセント・エリクス街にある「TEATER PÅFÅGELN」（シア

ター・ピーコック）で、今朝は十時から「パントミーム・テアテルン」の公演を観た。

開演二十分前。劇場にはもう二十人近い子供達。……着くなり受け付けにいらした劇団プロデューサーのアニタ・リィデルさんと挨拶を交わし、入場料を払おうとしたら、「御招待します。」との事、甘えさせて頂くことにした。再び二十名くらいの子供達が来て、約七十名の観客というところ。開演時間となり、子供達の後ろに従い、客席の最上段に坐った。

作品名は『Perfekta Pernilla』（完璧なペルニーラちゃん）。花柄をあしらった女の子の部屋が舞台。……子供達が観客なのにも関わらず、劇は全くコメントなしで始まり、賑やかだった子供達がすぐ大人しく舞台に集中したのには驚いた。……ベッドに寝ていた〈ペルニーラ〉が起き上がると、お行儀よく毛布をたたみ出す。客席の子供達の反応は実に敏感で、〈ペルニーラ〉がササッとほこりを掃っただけで笑う。〈ペルニーラ〉はどうやらママの躾が良過ぎて、ワンピースを着るのもカーテンを開けるのも全てキチッと動作するが、首につけるレースのカラーだけは好きになれない。急に腹が立ってクシャクシャッと丸めて放り投げるが、現れた〈ママ〉に咎められ、渋々カラーを着け、掃除を始めるのだが、巨大な掃除機から現れた太っちょの〈魔物〉に導かれ、エジプトのような異国への冒険旅行が始まる。

劇は、冒険心に目覚め、夢の世界から現実へ戻った〈ペルニーラ〉が、自由な心のまま吹けなかったトランペットに挑戦、散らかった部屋に驚き叱ろうとする〈ママ〉の前で見事な演奏をし、ちょっと見方を変えた〈ママ〉と〈ペルニーラ〉との新しい母娘関係の始まりを予感させて終わる。

上演時間は一時間。子供達は勿論、軽妙な夢あふれる運びで、大人も充分楽しめる舞台だったが、終演後、〈ママ〉と〈魔物〉と二役を演じられた劇団リーダーのブー・リンドシェーム氏と挨拶を交わし、「ペロー」のペーター氏の薦めで観に来たことを告げたら、たちまち打ち解け立ち話となった。感想を求められ、──ともかく一般的なマイムと違い、具体的なセットや小道具があり、洞窟に見立てたソファ・ベッドの陰から火を吹く大蛇の人形が出たり、それにジャズ風の音楽が加わり、様々な演劇のジャンルがクロス・オーバーした世界でとても新鮮だった。「ペロー」のペーター氏の舞台との共通性を感じる、と伝えた。ブー氏はそれに答え、—しかし、ペーター氏のはセリフとマイムの世界。それに対し私達は言葉を使わない。私達の舞台では、観客の三分の一は耳の聞こえない子供達、もう三分の一は、例えばボスニアやソマリアから逃れてこの国に住んでいるような、言葉の解らない子供達なのだ、と御自分達の創る舞台の〝個性〟を情熱的に語って下さった。

アニタさんからは、ポスターやらチラシやら頂き、「今度また詳しくインタビューに伺います。」と御礼を述べると、「Welcome!」と握手して送って下さった。

まだ十一時。外は素晴らしい青空。充実した気持ち良さを切らずにいたくて、かなり遠回りな散歩を決め込み、いつの間にかストックホルム市庁舎の外庭を訪れていた。……わずかでも太陽が顔を出せば、壁やベンチにもたれ、じっと目を閉じ日を浴びる人達。自然界の鳥は鳥で、同じカモメの仲間でも顔だけ仮面のように黒い種類のものもあったり。

ついさっきの、ブー氏のこだわりではないが、お互いがお互いの共通性と違いとを認め合う、〝競争〟ではない〝協合〟の世界の心地良さを、またここでも味わった気がした。

1・21（水）

血税の城

一週間前には夜中39℃の高熱を発し、翌朝雪の降る中を近くのセント・ヨーランス病院まで歩き、美しい金髪の女医さんの診察で〝急性扁桃腺炎〟と判明、強力な錠剤のおかげで三日後には何とか回復した。

そして昨日、二十八日、いよいよヴェクショーへの旅。スウェーデン到着以来初めてストックホルム

を離れる訳だが、まだ薄暗い朝七時半発の二等車両に乗り込み、遅い日の出でピンク色に染まる雪の原、雲ひとつなく晴れ上がった空、湖、森……景色に見惚れ、四時間余りの汽車の旅を楽しんだ。

昼過ぎヴェクショーへ着き、劇場へ電話。駅から徒歩十五分程の小高い丘の上にある「レジョン・テアテルン」へ着くまで少し手間取ったが、着くとすぐ懐かしいペーター氏、ユルゲン氏との再会。早速午後二時間、再び夕方六時から二時間の稽古に参加し、本番用の衣裳、セットを含め、すっかり整理され、絵本とはまた違った独立した世界が出来上がりつつあるのを実感した。

着くなりユルゲン氏は、僕の宿のことを心配してくれ、同僚のカテリーナ・ウェストリングさんという女優さんに交渉して下さり、カテリーナさんは、御自分の出演される新作芝居の稽古後、自転車を引きながら僕を連れて別棟の劇場事務所へ出向き、新しいシーツ等借りて下さり、その足で新作芝居の話し等しながら、高校生の娘さんのために借りてある部屋が今空いているからと、駅前のデパートの上にある学生用のアパートまで案内して下さった。一日100クローナという日本円にしたら二千円にも満たない格安の値で引き受けて下さったのだが、息子さんの部屋というならともかく、初対面の外国人男性に娘さんの部屋まで提供して下さるとは、その寛大さには親切を越えたある純朴な〝美徳〟のようなものすら感じ、有り難かった。

今朝は、朝十時半からの公開舞台稽古。その前に九時から「レジョン・テアテルン」ロビーで、この劇場で働く皆さんのほとんどが参加する〝例会〟に同席させて頂くことになり、「ペロー」のペーター氏の挨拶に続き、臨時参加の僕の事も紹介して頂いた。会合は、取締役のイングリッド・シーレさんが真ん中に立って議事進行を努め、今後の劇場の運営、活動等について、イングリッドさんを囲む俳優、スタッフ、制作の方々が自由にディスカッションするのだが、その皆さんの輪の一部に僕も立ち、「これから九月まで、スウェーデンの素晴らしい演劇環境を調査したいと思っている。」と先ず前置きをした。……実は昨日、稽古の合間、劇場内をあちこち見学し、ワン・フロアの中に、同時に複数の公演すら可能な程広い稽古場が三つもあり、地下には楽屋の他、大道具、小道具の製作場、ヘア・メーク専用の部屋、本番用のほとんどを自前で作る衣裳製作場、軽食も作れる御茶場、また二階には照明室、音響ミキサー室の他、各スタッフのために用意された個室、さらに音楽家の方が作曲、編集するための録音スタジオまであり、ほとほと驚いてしまったので、「日本へ帰ったらこの施設の素晴らしさをぜひ仲間に紹介したいと思うが、近い将来、こうした稽古場、各製作場と本舞台とが一体となったスタイルは、日本にとってモデルのひとつになるでしょう。」と結んだら、あっちこっちでホーッという歓声にも近いどよめきが起こった。〝例会〟は最後に輪を崩して固まり、ラグビー選手のような勇ましさで全員歌を歌い、コーヒーとケーキを楽しんでお開きになった。

引き続きの公開舞台稽古は、もう事実上の本番と同じようなもの、保母さんに引き連れられた十四人の子供達が観劇。夕方にも再び子供達の前で通した。

夜、ペーター氏とパブでスペアリブ等の食事。昨夜に続き、宿へは十二時近く戻った。

1・29(木)

手応えあり

今朝も十時半から、今度は四十人の子供達の前での公開稽古。……終演後、毎回子供達と向かい合って坐り、いろいろオシャベリを交わすユルゲン氏だが、その姿を見ながら、―ひょっとして、この瞬間が無上に楽しくて、子供のための芝居を続けているのかな、と内心思った。

とは言え、ユルゲン氏は初日間近とあって、実際には緊張に加え精神的にも過敏状態。終演後の、ペーター氏、僕と三人によるダメ出し、小返し稽古の場では、課題満載でピリピリしていたが、ここが最後の踏ん張りどころ。―ペーター氏から意見を求められたこともあり、僕も二十年余り前、一年半程パントマイムを習った感覚を呼び起こし、幾つかのアイデアを出し、ユルゲン氏を鼓舞した。

けれども、一人芝居だからという訳ではないが、日本で経験する舞台稽古のように、朝から晩まで働きづめといった日程内容の〝過密さ〟はなくて、今夜は息抜き、というか、ペーター氏と僕は、ユルゲン氏の自宅へ招待され、六時からユルゲン氏の手料

理による晩餐となった。
　同じ「レジョン・テアテルン」で制作事務を担当されているユルゲン氏の奥様は、遅くなるのだとのこと。子供部屋で遊ぶまだ幼い子供達を気にかけながら、パスタ等作るユルゲン氏。程なくペーター氏も現れ、ペーター氏が予想通りワインを手土産に選んで来たので、食卓用に花を買った僕は「打ち合わせもなく、同じものにならないとは、ナイス・コンビネーションですね！」と冗談を言って笑い合い、晩餐が始まった。

　食事後は音楽を聞きながらコニャック等飲み、映画等の話題で夜一時過ぎまで楽しく続いたが、この夜、ともかく驚かされたのは、ユルゲン氏の机の上に何でもなく置いてあった『teaterårsboken97』（演劇年間）という「リクス・テアテルン」（国立巡業劇場）発行の本。海外からの招待公演、ダンス、ラジオやテレビドラマまで含め、舞台写真等の紹介資料が、劇場、各劇団、グループABC順に網羅されている、というもの。中でも特筆すべきは、「Teatrarnas bidrag1997」（演劇助成金）と記された3ページに及ぶリストで、その年スウェーデン政府が国、公、私の180近い劇場、劇団、グループ、またダンス・グループや特定の振り付け師個人の仕事のために支給した助成金の内訳総てが、きちんと明記されてあるのだった。わずか一年後にこうした本を発行出来る編集能力も大したものだが、具体的な金額と支給先とを公然と示せる国側の徹底した「明朗さ」には、胸中武者震いする程の興奮を覚えた。「この本は一般の書店でも手に入るのか？」と質問したら「買えるよ。」とのこと。

　……深夜、ユルゲン氏の御住まいのすぐ近くに部屋を借りているペーター氏と別れ、例の学生アパートまで歩く帰りの雪道は長く、身体の芯がミシミシ音を立てるかと思えるくらい、冴え渡った冷え込み方だったが、—人口わずか六万の小都市に、稽古場、製作場のある創造的な劇場を建て、俳優や音楽家、縫い子さんや警備員まで含めた60人以上のメンバーに給与を支払う……。

　見方を変えるなら、まるで水や空気や木々のように、この国の人達にとって演劇を必要とさせるものは、一体何なのだろう。

　いまは寝静まっているこの地に、再び訪れ、さらにもう少し深く関わってみたい構想を描きながら、息はずませる衝動と手応えとが、たまらなく嬉しかった。

1・30（金）

海沿いの町へ

ユルゲン氏宅での晩餐の翌日は、午前十一時半から午後二時半まで観客無しの小返し稽古。ひとつひとつの演技、ギャグに全力投球してしまうユルゲン氏のクセが少しずつ緩和され、自然なトーンでの流れが見えて来た。この日がヴェクショーでの最後の稽古で、終了後、バラシ作業をし、劇場の赤いボルボにセットや衣裳、ごく簡単な照明機材等積み込んだ。夕方は駅前の日本レストランで、ペーター氏とすき焼きを食べ、あれこれ話した。「君は何故パントマイマーにならなかったのか？」とペーター氏。僕がパントマイムを習っていた二十年余りも前のことを思い出すと、パントマイマー一筋の人生に踏み切るには、恐ろしい程の勇気と自信と情熱とが必要だったと思えるし、〝迷子〟の様だった当時のことを上手く英語で伝えられるとは思えないので、「他にもいろいろやりたいことがあり、身体も硬かったから。」とだけ答え、「でもその経験は、これから仕事に活かします。」と付け加えた。食事を終え、ペーター氏と別れ、まだ夕方六時というのに疲れ切ってダウン、よく眠った。

昨日の日曜日は稽古なし。午後からペーター氏と待ち合わせ、この地域一帯の『ガラス王国』と呼ばれるガラス器製造工場から三、四ヶ所を選び、ドライブと買い物を楽しんだ。午後四時、ヴェクショーへ戻り、御世話になったアパートのテーブルの上に、四日間の宿泊代と御礼の手紙、ワイン一本を置き、ユルゲン氏、ペーター氏と例の赤いボルボでSölvesborg（セルヴェスボリィ）という海沿いの小さな町まで移動。二時間の車中、ラジオから流れるスウェーデン・ポップスに合わせ、陽気に歌うペーター氏とユルゲン氏。

……駅前にあるホテルに着くと、日曜だからかフロントに従業員もいなくて、郵便受けに僕ら三人のための部屋のキーが入った封筒が入れてあるだけ。ホテルのレストランもやってないので、近所のスーパーで夜食を買い、夕食を食べようと歩き回ったが、開いている店も少なく、とあるピザ屋に入った。実は『ガラス王国』の帰り、ペーター氏とイタリア・レストランへ入り、僕は昼食にピザを食べたのだが、まあこういうことも生涯には何度もあるまいと思い、「今日は私にとって〝ギネス・ブック〟に載るような日です。一日に二回ピザを食べます。」と言って、またピザを食べた。

今朝は九時搬入、仕込み。明日初日を迎えるのは高台の小学校の地下にある遊戯室。大人向けにビリヤードの台等も置いてある広い部屋にセットを組んだ。午前十時から三十五、六人の生徒が観劇しての公開舞台稽古。その後十五時半までエンディング等の小返し、ダメ出し。夕方六時半から、今朝ヴェクショーから駆けつけた装置、衣裳担当のアグネタさんも加わり、ホテルのレストランでの夕食。

突然、「君からの例のウィスキーはどうする？」とユルゲン氏。この正月、ストックホルムのアパートの主である平山光太郎氏が差し入れて下さった〝サントリー・オールド〟を、僕は今回の手土産に利用させて頂き、「初日が無事開いたら飲んで下さい。」とユルゲン氏にプレゼントしたのだったが、初日僕は終演後すぐストックホルムへ帰るので、「その前にボトルの栓を開けていいものかどうか、君が決めてくれ。」との事。

今後こうした機会もそうないかも知れない、と思い、「今夜飲みましょう。前祝いです。」と僕は即答した。

2・2（月）

初日万歳

昨夜はユルゲン氏の部屋にペーター氏、アグネタさんと四人して集まり、チョコレートをつまみに、ストレートで例の〝オールド〟を味わった。「うまい、うまい」と三人が連発し、僕も日本では特に好まなかったにも関わらず、不思議にとても美味しく感じた。

「日本では誰かを祝福する時にはよく万歳をしますが、スウェーデンではどうするのですか？」と僕が質問。「スウェーデンでは、誰それさんおめでとうとは言わずに、皆して黙ってヒザゲリを食らわすのだ。」とユルゲン氏。そしてユルゲン氏が「日本のサムライがバンザイと叫んで敵に切りかかる絵が、小学校の教科書に出ていたが。」と言うので、僕には心当たりがなかったが、ゼロ戦だの人間魚雷だので「天皇陛下万歳！」と言って突っ込む映画のシーン等を思い浮かべ、「きっとそのサムライは死を覚悟していたのでしょう。」と答えた。「君には特定の宗教があるのか？」とペーター氏。「キリスト教にはキリスト教の真実があり、仏教には仏教の真理があるのを認めるが、でも僕は、どちらか一つを選べないので中間にいます。」と答えた。賛同までは解らないが、ペーター氏は理解はして下さった様子。ペーター氏が同じ質問をアグネタさんに向けると、アグネタさんは「神はひとつだ。」と答えた。ローソクの灯かりの中、もの静かだが力強さのある言葉で、アグネタさんには美しさと同時に、何か羨ましさを感じた。

いよいよ今朝は、十時半からの初日公演。準備を終え、小学校の校庭で遊んでいる子供達をカメラに収めたいと思った僕は、子供達に声をかけて呼び寄せ、二十四ならぬ〝十四の瞳〟の写真を撮った。

開演十分前、ペーター氏が突然ユルゲン氏と僕と三人で万歳をしよう、と言い出したので、日本では例のない事だが、僕が早速音頭をとり「Ｍｒ・ユルゲン・アンデション、万歳！　万歳！　万歳！」と三唱した。

開演直前に観客の子供達が入場。ほぼ時間通りに始まり、テンポも良く、タイムは1分縮まり、これまで観たなかで最も滑らかで素晴らしい出来だった。拍手、花束。……終演後、関係者一同集まって、あたたかいオレンジ・ジュースを飲み、簡単な初日祝い。特別な照明、効果も一切なし、運転も仕込みもユルゲン氏ひとりでの旅公演がこれからスタートするのだが、一方「レジョン・テアテルン」取締役のイングリッドさん以下、制作サイドの方が大勢駆けつけ、劇場あげての力強いバックアップを感じた。ユルゲン氏、ペーター氏には、「またストックホルムでの公演の際に御会いしましょう。」と別れを告げ、駅まではアグネタさんが車で送って下さった。

汽車時間までの小一時間、食事をしておこうかと思い、何故かまたピザを食べたくなり、駅前のピザ屋に入った。

2・3（火）

日曜には父親と

二月七日から日本では長野オリンピックが始まり、いつもの散歩道のある湖畔では真ガモたちが石の上から凍った湖面に飛び降り、ツツーッと滑る姿が見られ、何となくスキーのジャンプ競技のようで微笑ましく眺めた。

さて、初日から十二日経った今日、十五日からいよいよ『Min syster är en ängel』の五日間のストックホルム公演が始まった。午前十一時から「ペローズ・シアター」での搬入、仕込み作業開始。今日は日曜日で、十三時からと十五時からの二回公演。例の「レジョン・テアテルン」の赤いボルボでやって来たユルゲン氏を、演出のペーター氏と僕とで手伝う格好で作業を始めたが、ユルゲン氏が四歳になる息子のガブリエル君を助手席に乗せ、搬入、仕込みの現場にまで同行させるのには驚いた。幾ら一人芝居の簡単なセットとは言え、開演までもう二時間もないと思うと、およそ日本ではあり得ないし、周囲からも許されない事態だろう、と内心思った。……案の定、仕込みを始めて三十分もしない間に、ガブリエル君は心細くなったのかシクシクと泣き出し、ユルゲン氏が仕方なく仕込み作業を中断して、近所の店にお菓子や玩具やら買いに出る始末。更に、今回の公演は、夜には外部の別グループによるS・ベケットの『幸せの日々』公演に舞台を譲るため、『幸せ……』用のバック・ドロップをそのまま併用する方針や、袖幕のバランス等、スタッフの側からすれば演出家と充分に話し合って決めるべき問題も案外目に付き、日本の裏方である僕にとっては余りに拘りなく進んで行く仕込み作業に、何か違和感を覚えざるを得なかった。

とは言え、こうした国民性というか、習慣、感覚、尺度などの違いの前では、一方の固定観念から一度大きく離れ、改めて客観的に捉えてこそ、こうして地球の裏側までやって来た〝真価〟と出会える、というものかも知れない。

……俳優の足元が危なくないよう、こちらが勝手に気を利かせて、舞台上で遊んでいる照明用のコードの何箇所かを黒いガムテープで止めたとしても、「それは必要ない。俳優が気をつければいい事だから。」と剥がされてしまうようなやり取りの連続にもなりかねないので、異国では異国のスタイルに従い、彼らの共通感覚を構成するものは何なのか、その興味の方に意識を向け直した。

開演直前、ロビーに大勢集まった子供達に向かって「大声で一から六十まで数え終わったら客席に入場して下さい。」とアピールするユルゲン氏から「この子と一緒に芝居を観てくれ。」とガブリエル君の世話役を頼まれたが、流石にチケット料金を支払ってもいない者が、子供達の視界を遮ってまで同席する訳には行かず、入場と共にガブリエル君は最前列に坐らせ、僕は一番後ろの席で舞台を見守った。

今日は大勢の子供達に混じって、車椅子すら自分の手で自由に操作出来ない重度の障害をもった子供の観客が二人いて、入り口からロビーへの階段に分厚い渡り板を並べたり、客席への入場まで何人かで車椅子ごと持ち上げて連れて行ったり、いかにもスウェーデンらしい光景で盛り沢山だった。ユルゲン氏だけではなく、演出のペーター氏の九歳になる息子フェンギル君も観劇に来ていて、観客席も父親に連れられた子供達が目に付き、日曜日には子供達と一緒に過ごすのがこの国の父親の義務なのだ、と納得出来た。こうして一日二回の公演を通じ、仕込みの時に感じた彼らの感覚への疑問やら〝違和感〟やらは、何となく薄まって溶けてゆくような感じに治まり、――観客席にいた何組かの父子にとって、今日の舞台、劇場という場の感じは、何か公園とか広場とか、でなければ銭湯へでも出かけるのに似ているのかな、と思ったりした。

2・15（日）

子連れ巡業

二日後、一度日本レストランで食事しよう、と約束していた事もあり、僕の方からユルゲン氏を誘い、夕方五時「ペロー」の前で待ち合わせ、徒歩十分で行ける日本食パブ「SAPPORO」へと向かった。その時驚いたのは、ユルゲン氏と共に息子のガブリエル君がまだ一緒だった事で、ヴェクショーの母親の手を離れて父親と見知らぬ土地で二人で過ごしているのは、一昨日の日曜日だけに限ったことではなく、ガブリエル君は、赤いボルボに乗せられ、ユルゲン氏の旅公演の全日程を廻っているのだ、と気づいた事だった。

長いスウェーデンの冬らしく、外はもう真っ暗。この冬、月に二、三度御世話になっている赤ちょうちんの入り口を三人して潜り、今夜はカウンターでなく初めてテーブルを囲んだ。先ず「スコール！」と乾杯し、料理が来るまでの間、僕の方からヴェクショーでの稽古や初日の舞台写真をプレゼントし、ユルゲン氏からは、「全ての協力、援助を感謝します。」というスウェーデン語と英語で書かれたメッセージ入りのヴァレンタイン・カードを添え、「印刷された愛の告白文は関係ないよ。」と言って、地元『ガラス王国』製の綺麗なロウソク入れをプレゼントして頂いた。

料理は二人が喜びそうなものを僕が選び、焼き鳥、焼きソバなど運ばれて来たが、中でも二人は天ぷらが気に入った様子、慣れぬ箸で「うまい、うまい。」とご飯と一緒に食べる姿が楽しかった。

僕も冷や奴などつまみ、ユルゲン氏が先ず長野オリンピック関連の話し。「こちらの新聞でも話題になったが、昔からのスキー場やスタジアムがあるのに、わざわざ自然を破壊して新しく作るのは何故だ？」「建設業者と政治家が儲かるから。」と僕。―ユルゲン氏のみならず、自然を敬い、無駄を嫌う、民意と政治が直結したこの国の人々には、土台納得出来る話しではないらしい。今度は僕の方から、この冬この店を発見した経緯を説明。

……去年の十一月末、この国へ来て一ヶ月目、どんどん日が短くなり何かと心細い頃、日本の劇団総務の女性にある用事で国際電話したその日、劇団の最長老で九十五歳になる大先輩の俳優が亡くなったことを知らされ、何か部屋の中が明るくなるような物を探そう、と夕方外出、いつも行く文房具屋へ向かったはずが、どういう訳か道を間違え、日本の居酒屋の印である赤ちょうちんを発見。懐かしくなり、入ったら、主人もお客も皆日本人で、すっかりリラックス。大先輩は生前大変お酒の好きな方だったので、僕はその大先輩を思い、感謝の念で日本酒を飲んだ。―ユルゲン氏は、感心した様子で「それはきっとGodが君をここへ呼んだのだ。」と答えた。

さて、大人しく食事を終えたガブリエル君にデザートのアイスクームを注文した頃、突然ユルゲン氏が言い出した。「僕はこの子のことを仕方なく連れ歩いている訳ではないんだ。いまこうして自分の仕事場に一緒させる事が、将来この子にとってとてもいい体験になるはずだ、と思うから。」―ユルゲン氏も、仕事場でのガブリエル君の存在を気にかけているのだ、とこの時解ったが、いまのユルゲン氏の言葉で、僕も何となく長い目で二人の姿を捉え直せた気がし、「四歳という年齢ならきっと大人になってからも今日の事を思い出せる。自分も四歳の頃、ある港町に住み、寒い日の夜西部劇を観に行くという父親に、自分も連れて行ってくれと泣いてせがみ、頭にスカーフを巻かれ、自転車に乗せられ映画館に着いたが、映画が始まったらすぐ寝てしまった……。」そんな思い出を話した。

まだ夜七時半だが、心身共にゆったりと暖まったような充実感で店を出、途中通りの玩具屋のショウ・ウィンドウの前で立ち止まり、巨大なクマの縫いぐるみを三人して眺めたりしながら、これからストックホルム市内のホテルへ戻るという父子に手を振って別れた。

2・17（火）

スーパーマンとの旅

三月に入り、五日から十日間に渡って、一月に平山氏が紹介して下さった御友人アルマンド・ギュテーム氏率いる「ミュージカル・テアテルン」の公演活動に参加させて頂いた。

ジョン・レノンをこよなく愛するアルマンド氏は、全くの偶然だが、僕の受け入れ先である「ペローズ・シアター」のビル内に小さな事務所を構え、「カッレ・フリガレ・テアテルスコーラ」という創立58年の歴史をもつ私立演劇学校の教師をしながら、生徒や卒業生等の若い俳優達と共に子供向けミュージカルの創作と公演を行っている。今回は、懐かしいアメリカ映画『オズの魔法使い』をモチーフに、アルマンド氏が脚色、演出した同名の舞台、―現代のスウェーデン向けにしたのだという作品の再演版を、我がアパートのすぐ裏手にある「ペルラン劇場」で五日間公演する事になり、経済的事情などから普段は専属の舞台監督やスタッフを持たない彼のグループにとってみれば、この国で労働収入を得てはならない立場にある僕のような存在の出現は、短期間ながら大変便利なものとなった。特に『カモミッラの町人たちと泥棒たち』という彼らの別の出し物で、一日だけの旅公演に参加した体験は、なかなか忘れ難い印象深いものとなりそうだ。

……昨日、十四日の早朝五時過ぎ、セットや小道具を積んだ大型ワゴン車に降り積もった雪を払い除け、まだ夜明けには二時間以上あるストックホルムを出発、スウェーデン南西部にある第二の都市ヨーテボリィの手前にあるVårgårda（ヴォルゴーダ）という小さな町まで、高速道路で片道五時間以上もの長距離移動。十歳とは違わない、同世代に近い気安さで、ビートルズやサイモン&ガーファンクルの話し等しながら、平均時速120キロ近くで飛ばしに飛ばした運転技術も大したものだが、この日一番の驚きは、その後のアルマンド氏のスーパーマンぶりに尽きる、というもの。

午前十一時からの搬入、仕込みでは、僕と共に大道具方。次には地元の劇場付きの人と照明の仕込みをし、午後一時近く、遅れてバスで到着した出演者の若者たちが各々舞台袖に持ち道具等をスタンバイし終えると、今度は本来の演出家兼振り付け師になり、客席からの登退場の確認、歌や踊りの場当たり稽古に立ち合い、ゆっくり昼食をとる間もなく十五時からの本番開始、客席の最後部にあるオペレーター室で芝居の出来を気にしつつ照明の調光を操作する、という具合。公演は一時間程で終了したが、その後バラシて積み込み、夕暮れのハイウェーを再び120キロで飛ばし、途中レストランで食事して午後十時半過ぎにストックホルム到着。

真っ暗な「ペルラン劇場」ロビーの倉庫に、『オズ……』に代わって次の週から始まる『カモミッラ……』のセット類を納め、終わってみれば零時近く。ヴォルゴーダの「集会ホール」での作業以外は、全くアルマンド氏と僕と二人だけでの作業だったので、僕も流石にくたびれてしまった。『オズ……』の劇中には自分が作曲した曲をシンセサイザーで伴奏もする多芸多才なアルマンド氏なのだが、どうも経済的理由でスタッフを雇えないから〝スーパーマン〟な訳ではなく、現在は若さに任せ、何でも自分でやりたいのではないのかな、と最後には思った。

さて、一転して明日、十六日からは、再びヴェクショーに足を運び、「レジョン・テアテルン」の施設や公演活動、更に舞台監督等の仕事、職場環境、生活に関する調査を開始する。一月から「ペロー」のニーナさん、また彼のアルマンド氏の御協力を得、調査用の質問事項をまとめた英文書類をコツコツ整えたので、今回はその書類がどの程度インタビュー調査をスムースに進め得るか、実地に試す第一弾という訳だ。

3・15（日）

ヴェクショー再び

到着早々、午後三時から劇場取締役のイングリッドさんと会見、取締室で約一時間半のインタビュー。簡単なイングリッドさんの経歴など御聞きした後、スウェーデンの演劇環境、スタッフの職場環境に関してどう評価されるか、十項目のアンケートに御答え頂く事から始まり、次には劇場の活動や人員構成、年間の観客数や予算、特に政府からの助成金の額やその割合など、お互い外国語である英語と英語を交わしながら、まるで池あり砂ありのハードルをひとつひとつ越えるようにして調査は進んだ。

無事予定を終え、ある公演を例にとっての稽古、公演内容について、それに関わった舞台監督担当の方へのインタビューを試みたい、と申し出ると、イングリッドさんは、早速それに相応しい方を紹介して下さるとの事。「ただ、英語が上手く通じるかどうか判らない。」と仰しゃりながら、「とにかく明日の朝九時に、この事務所へ来て下さい。」との御返事。――もしスウェーデン語のインタビューでなければな

らないとしたら、どうしよう、と胸中思いながら、「最後に、日本の仲間への紹介用の御写真を撮りたいのですが。」と申し出ると、一瞬どうしましょう、とばかり声を上げられたが、イングリッドさんはすぐ両手で髪を整え、御自分のデスクに坐り、カメラに向かって微笑んで下さった。

その夜は、ユルゲン氏と一ヶ月ぶりの再会。午後八時から隣りの町の国民集会所で、スウェーデンでは与党第一党の「社会民主党」の小さな会合があり、ユルゲン氏はその終了後に、チェーホフ等の幾つかの短編の朗読や寸劇を演じるのだ、との事。こういう臨時の仕事が俳優さんに入るのも、いかにもスウェーデンらしいと興味が湧き、ホテルの一室に見立てた机だのテレビだのの小道具の積み込み、搬入を手伝い、会合を終えた方達と共にユルゲン氏の味のある舞台を見守ったが、終演の拍手の中、ユルゲン氏は〝飛び入り助っ人〟の僕を皆さんに紹介して下さり、「彼は、日本のとてもとても小さな劇団で働いています。」と前置きして、「彼の劇団（文学座）は、何と俳優が120人しかいないのです。」と落ちをつけ、客席からは驚き混じりでドドッと笑いが起こった。

その後、ユルゲン氏が運転する帰りの車の中で、――いま自分達の「レジョン・テアテルン」（地方立劇場）と「リクス・テアテルン」（国立巡業劇場）との間で、公演先をめぐってかなり激しい競争があるのだ、と打ち明けられ、「地元の人間が地元の人達のために芝居を作っているのに、それが売れないとなったら辛い。」というユルゲン氏らの本音に触れた。

日本のように民間の自立劇団同士の販売競争ではなく、「地方立」と「国立」という公的な劇場同士の事なので、経営上のマイナスへの不安は勿論だが、先ず精神的ダメージの方がより大きいという事かな、と想像した。ユルゲン氏らの苦境に対して、即座に答えられるいいアイデアが思い浮かぶ訳もないのだが、何か意見を言った方が、少しでもこの場の空気が楽になるかと思い、思いつくまま「例えば、国内の各地方にリクス・テアテルン用の仮設の劇場を幾つか建てて、地方の劇場もそれを利用出来るようにすればいいのでは？」などと気軽に〝空論〟を述べたりもしたのだが、……劇場が二つあれば御客が両方観に行くという単純計算が成り立つ訳もなく、基本的にお互い限られた予算と予算とのぶつかり合いな訳だから、――結局この話題はうやむやのまま、お互いの頭の中を空回りするだけでヴェクショーへ着いてしまい、今度いつまた会えるとも判らないユルゲン氏と別れた。

3・16（月）

舞台裏と客席と

今朝は、いよいよ舞台スタッフに関するインタビュー調査。「レジョン・テアテルン」で「技術監督」をされているエリック・アンデルション氏、イングリッドさんの計らいで英語の通訳を急遽買って出て下さった若い照明オペレーターのウルフ・ルックマン氏と握手を交わし、例の十項目アンケートから始まり、調査の本題とも言える稽古や公演の内容、舞台監督やスタッフの契約、収入、社会保障や休暇等、九十分に渡ってお話しを伺った。

—そこで特徴的だったのは、稽古は朝九時から夕方五時の時間帯に行い、土日は休みで、スタッフは皆劇場と契約書を交わし、収入は月給制であること。年に三十日もの休暇があり、何より公演予算は政府等からの助成金で１００パーセント賄えている点。また日本では「舞台監督」が一人で責任を負うのが一般的となっている仕事の数々を、「舞台監督」「技術監督」「制作者」で役割分担しており、特に予算管理の責任を負わずに済むことから、何と「レジョン・テアテルン」では、照明オペレーターと音響オペレーターの二人で「舞台監督」を担当しているのだ、との事。日本では演出家と同等の重みがあるとされる「舞台監督」だが、この違いには流石に驚いた。

約束の時間が過ぎてしまい、僕の質問の多さと腕時計とを見比べながらも、エリック氏は、ウルフ氏の的確な通訳のおかげで終始にこやかに答えて下さった。……最後に前歴や資格に関して伺うと、この業界に入る以前には、トラック、バスの運転手をしておられた、との事。「現在では地方立劇場の技術監督。まさにスウェーデン・ドリームですね。」というと、「just det!」（その通り！）と答えて下さった。

エリック氏には、今回「技術監督」を担当されたというお薦めの新作『アンネ・フランク』を「明日拝見します。」と約束して別れ、午後は、イースター用の小公演の舞台と客席、また他の稽古場の写真も何枚か撮らせて頂き、五時には劇場前で待ち合わせをし、—平凡な人々をめぐるバカバカしいお話し、と副題のある『Bordsdansare』（テーブルのダンサー）という新作品の近郊公演にも同行させて頂いた。

ヴェクショーから西へ60キロのLjungby（リュングビィ）という公演地まで、その晩出演される六名の俳優さん達と小型バスに乗り込み、この二月に娘さん用のアパートを僕に貸して下さった女優カテリーナさんとも再会、道中懐かしさで和んだ。

バスは六時前に劇場楽屋口に到着。女性演出家のカレン・エンベリィさんを含む顔なじみのスタッフの皆さんと挨拶を交わし、開演時間の七時半までの間、今朝のインタビューで通訳をして下さったウルフ氏を捕まえ、舞台裏を見学、日本では見かけない工具類、機材等を手帳にスケッチしながら、あれこれ質問をしてみた。—7トントラック一台の道具類を二時から仕込み、約五時間で終了。セットはとある〝サマーハウス〟の一階部分。間口四間、奥行き三間半

『テーブルのダンサー』舞台裏メモより

……足元灯や蓄光テープではなく、舞台裏に敷かれたパンチカーペットに沿って、細長い透明のチューブに仕込まれた帯状の電球が、スタッフや出演者の足元に道を作ってくれる。

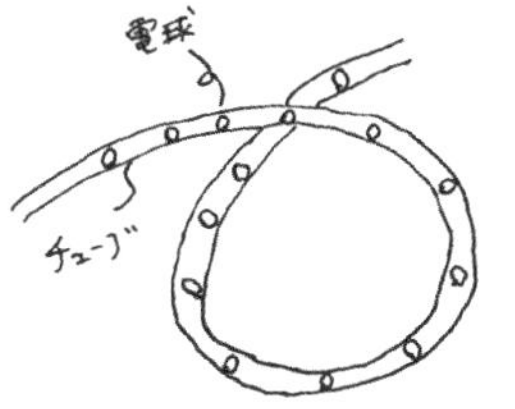

……ハンドルで自由に高さが調整できる二本のスタンドで支えられた、橋げた状のパイプに、何台かのスポットを横一列に仕込める、イタリー製の照明用特殊タワー。
これはしかし「重すぎて良くない」とウルフ氏。

……大道具の張り物同士をつなぐのに、釘は一切使わず、小型の万力とも言える「QUICK GRIP」なる工具を使用。
「三十年前は釘を使っていたが、その後〝抜き蝶番〟になり、五年前からコレを使い始めた。〝抜き蝶番〟よりしっかり張り物同士を挟めるし、開帳場〈傾斜した舞台〉には持って来いなのだ」との事。

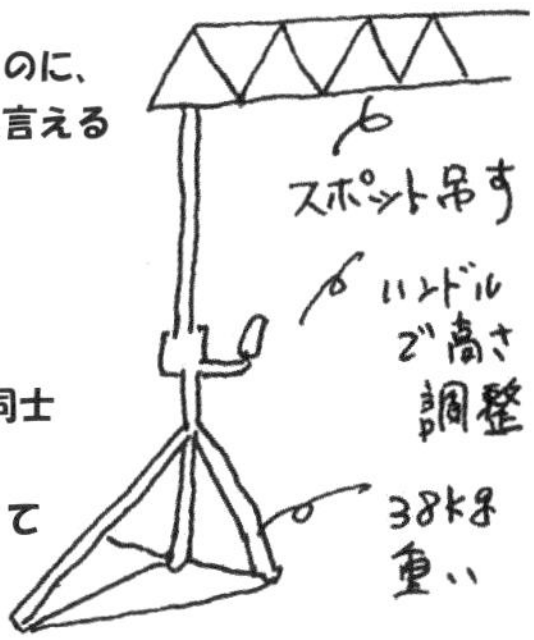

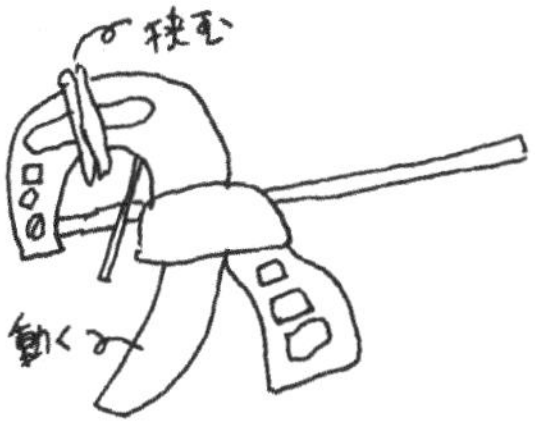

…音響は、「オープンリールに代わるものとして、MDを使ってきたが、二か月前から新しい機器を導入し、自分達の手でCDを作っている」とウルフ氏。

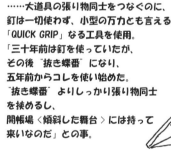

の舞台裏は、例えば舞台袖でのメーク直し用の小鏡、衣裳等は、出演者が自分でスタンバイする、とか、システムも日本とは違いが多く、見るもの聞くもの、ハハーンと感心のし通しだった。

さて、お芝居の方は無事十時に終演。……1975年、85年、そして98年の、三つの時代のある家族模様が描かれ、九人の人物を六人で演じ分け、双子の役、死者も登場するといった、—不安に満ちた現代をコミカルに透かしてみせようという演出家、出演者の意欲たっぷりな舞台だったが、結果として観客数が思った程に達しなかったらしく、バラシを手伝おうと舞台裏へ行って、皆さんの何となくシュンとした空気を気遣わずにはいられぬ程だった。

3・17（火）

アンネ・フランク体験

昨夜、ホテルへの帰宅は零時近くになったが、『テーブルのダンサー』出演者の皆さんは、バスの中でもお互い〝観客動員〟の真剣な話題に終始した様子。ふと一昨日の晩、ユルゲン氏と車中で話した「リクス・テアテルン」との〝公演地争奪〟問題のことを思い出し、—文化政策や劇場施設などハード面では申し分ないスウェーデンの演劇環境でも、日本とはまた違った困難な状況があるのだな、と改めて我が身が引き締まった。

そして今日、ヴェクショーでの最終日。午前十時から「レジョン・テアテルン」で『アンネ・フランク』を観劇したが、わずか四十分の作品の中に、地方立であるこの劇場のアンサンブルが負っている〝社会的な役割〟とでも言うべきものを痛い程に感じ、とても深い感慨と感動とを味わった。

台本はフランシス・グッドリッチ、アルベルト・ハケットによる『アンネ・フランクの日記』を元に演出のシャルロット・ヌゥハウセルさん等が脚色したもので、臙脂色の同じ衣裳を着た三人の女優さんが、主役であるアンネ・フランクとして〝日記〟の語り手を交互交互に引き受けながら、一方で例の〝隠れ家〟に同居したアンネの家族、友人達をも演じ分ける、というスタイル。……ラジオから流れる1942年当時の音楽、閉ざされた窓や暗い壁を想起させる四枚のパネルが黒幕をバックに配され、時折パネル上に映されるスライドも効果的で、いつの間にかその状況へ誘われ、劇の途中、アンネ・フランクの言葉に共感したのか、静かにすすり泣く声があちこちで聞かれ、何か胸を打たれた。

終演後、持ち道具等を片しに出て来られた三人の女優さんに声をかけ、スタジオに特設された観客席を背景に写真を撮らせて頂いたが、その際伺った話では、この舞台の観客の対象となるのは、十二歳から十四歳位までの、日本で言えば中学生の年齢の生徒達という事。—さっきまで同じ客席で観ていた生徒達もその年齢という事になるのだが、僕の印象では、皆高校生かと思った程の体格のよさに加え、顔付きも大人びた様子で、日本とは成長、成熟の度合いが随分異なるのではないか、と気になった。

それにしても〝受験地獄〟とは縁の無いこのスウェーデンでは、歴史教育という意味が、「高校や大学の受験に合格するための知識としてある」のではなく、例えばこの日の舞台が訴えるように、「民族同士や国家間の平和を追求し、維持するためにある」という単純明快さで貫かれている、—そんな風に思えてくるというのは、何ともジワッと来る〝ボディー・ブロー〟のような衝撃だった。

第二次大戦から半世紀を経た現在、過去には大国ソ連、ヒトラーのドイツ、またフランス、イギリスに囲まれた地理的条件の中、隣国ノルウェーやフィンランドとの立場の違い、摩擦を耐え、何とか〝中立〟の旗印の下で戦火を逃れ、各国の復興に寄与しながら今日の〝高福祉国家〟の基礎を築き上げたスウェーデンだが、90年代になり、積極的に受け入れて来た難民の存在等が、経済不況の中で「ネオナチ」の台頭を引き起こすといった新たな難題を抱えてもいる。—それを思うと、いささかオーバーな表現ではあるが、この日の舞台は、21世紀を背負う若い世代に向けての、静かだが地道で強固な平和主義からの抵抗、そんな気がしてならなかった。

……英国軍による解放のわずか一カ月余り前、強制収容所で息絶えねばならなかったユダヤ人少女の魂が、五十年後にもこうして言葉や国を越え受け継がれているということ。こうした〝社会的使命〟を負うべき劇場やアンサンブルが、世界で唯一の被爆国である日本においても、政治思想等の違いという枠を越え、もっと普通に、公に、身近にあって欲しい、そう願わざるを得ない。

3・18（水）

季節感を歩く

「暑さ寒さも彼岸まで」と言うが、四月に入り、イースターが近づくに連れ、昼と夜との関係はシーソーのように見事な逆転を描き、まるで時計の針がググッと音を立てて進むみたいに、今では午後九時にならないと夜の闇は訪れない。北欧の世界は、これから夏至祭を頂点としてひたすら白夜へと向かうのだが、ストリンドベリィの『令嬢ジュリー』よろしく、その未経験な季節のイメージをかき立てられるだけでも、何だかワクワクしてしまう。

クリスマス前には、ノーベル賞授与式の会場になるため、黒塗りの高級車と交通整理の警官たちに場所を占拠されてしまうこともあったコンサートホール前の広場も、今はもう春到来とばかりに、花、野菜や果物、革製品、菓子等を売る露店が賑やかに立ち並び、赤や青の縞模様のテントも陽を浴びて輝き、ホール入り口の細長い石段には、待ち切れず寸暇を惜しんで日光浴するストックホルム市民が憩い、更にひよこをイメージした黄色やオレンジ、中には青や緑や紫といった羽飾りをつけたイースター用のカンバの小枝が、黄水仙やらアネモネやらの花々にも増して目を惹かせ、行き交う人に祭り気分を煽り立てている。スウェーデンのイースターは、日本のゴールデン・ウィークのようなものらしく、聖金曜日から数えて四日間の連休に入るのだが、この間日本なら書入れ時になるはずのデパートも閉店、主だった劇場も休演するというのだから、—欲がない、とか、—皆スキーに行ってしまうので儲からないのだ、とか言う以前に、どんな立場の人も祝日には実にちゃんと休むのだ、という事に先ず感心してしまう。

街では時々、スカーフを被り、ロングスカートに前掛けをし、顔にわざとらしくソバカスや赤いホッペタをメーキャップした女の子たちを見かけた。早速アパートへ帰って調べたら、「イースターの前の晩に『イースターの魔女』の扮装をした女の子たちが近所を訪ねてまわり、お菓子を恵んでもらう。忌まわしい過去を引きずった遊び」とのこと。(『メインポールとザリガニとルシア祭』より)

十二月十三日の「ルシア祭」でも、白い衣裳に赤い帯を締めた子供たちによるコーラスを近所の教会で聴き、何か妙に懐かしさの混じったほのぼのした気分を味わったが、こうした季節感あふれる伝統的な行事や遊びが、身の回りで絵暦のように規則正しく展開される、というのは、何ともうらやましい気さえする。

スウェーデンでは『SYSTEMBOLAGET』という国営専売店でしか酒類は買えないのだが、いつもの土日に加え、金曜と月曜まで休みになるので、今日は昼過ぎからカート持参の客まで含めての混雑ぶり。平日も午後七時までしか開いてなく、酒類ばかりか自動販売機そのものが路上には存在しない国である上、酒税も20パーセントと高く、また缶ビール一本買うにも番号札を引いて順番が来るまでじっと待たねばならない。

—だが、あえて酒好きの僕が、スウェーデンが選択しているこの〝不自由さ〟を容認、支持する立場で考えるなら、……:「総人口わずか900万人の国では、夏沈まない太陽の下で思う存分バカンスを楽しみたいことと引き換えに、夜が長く寒さの厳しい冬にこそ、生産性と労働力とを求めざるを得ない。故に、アルコール中毒患者の増加をいかに食い止めるかは、国家的課題にならざるを得ない」そんな真面目で深刻な〝大義名分〟を揚げる事は出来そうだ。

ただでさえ気が滅入る寒くて暗い日々をほぼ半年以上も過ごさねばならない人々にとって、心と身体の健康を維持し、極端な夏と冬のバランスを真っ向受けながらコントロールしてゆくには、それこそ伝統行事や遊びを含めた〝社会一丸の知恵〟そして〝我慢〟も必要なのだ、そう思わざるを得ない。今年は運よく記録的な暖冬という事だったが、ここは基本的には、とてもとても厳しい土地なのだ。

4・8(木)

主役登場

冬の間〝太陽の代役〟をつとめていた舞台だが、もう五月ともなれば、各劇場はそろそろ「オフ・シーズン」となるらしく、例の「シアター・ガイド」を開くと〝Sista gångerna!〟(最終公演)という文字が目立ち始めた。今はカフェでもレストランでも、もう外に出たくてたまらない人々の欲求として、これはむしろ〝自然〟なのかも知れない。そんな訳で、この時期もう一度観ておきたいロング・ランの舞台も含め、出来るだけ沢山劇場へ行こうと頑張ったおかげで、四月には観劇数も60本目を越えた。そして調査活動もいよいよ本腰。今日は「ドラマーテン」（王立ドラマ劇場）で舞台監督を担当されているステン・スヴェンソン氏との、待ちに待った会見を迎えた。先ずは、ステン氏が舞台監督を務める舞台の一つ『Mio, min Mio』（ミオよ、私のミオ）の二度目の観劇。創立以来二百十年目の劇場の客席が、一階から三階まで小学生達で埋まっているのは圧巻。楽団が奏でる素朴で哀感をおびたテーマ曲に乗って、劇の象徴的存在でもある黒い鳥の衣裳をまとったダンサーの踊りで、幕が開いた……。ストックホルム警察が九歳の男の子を探している、というラジオの音声。夜、公園のベンチにポツンと坐っている少年こそ行方不明のボッセ少年だったが、風変わりなルンディンおばさんが現れ、少年に赤いリンゴを手渡し、葉書をポストに入れてくれと頼み、去る。葉書には「待っていた王様が、証拠の金のリンゴをもってそちらへ向かっている」と書かれていたのだが、少年の手には、その金のリンゴが……。

昨年秋に九十歳になった『長くつ下のピッピ』の作者リンドグレンの作品の中でも、『ミオ……』は文体の美しさ等で名作とされているが、現実から幻想のはるかな国へ旅立ち、王子ミオとなった少年が、白馬に乗って民衆を救う旅に出る。想像力豊かな原作の世界が、見事に舞台空間に展開されていた。中でも目を見張ったのは、主役の少年の演技が、昨年暮れに観た時以上に上達していた事で、達者な大人の俳優に混じってロング・ランの舞台に立てる少年達、また客席の子供達にも、盛大な拍手を

送りたい気持ちになった。

さて、終演後、約束の二時半。二週間前、ここで公演管理補佐を務めるハンスオーケ・ベリィストレム氏と会見しているとは言え、有名なベリィマン演出の舞台写真等が貼ってある事務所内に入るのは、何か緊張してしまうのだが、劇場のTシャツ姿に口ひげをたくわえた大柄なステン氏は、会うなりコーヒーとケーキをふるまって下さり、この日のために僕が用意したスウェーデン語による調査書類に目を通しながら、終始にこやかに受け答えして下さった。……ハンスオーケ氏と同様、この国で演劇は重要な地位を占める程、「非常に盛ん」であり、舞台監督やスタッフは「充分な収入を得ている」と答えるステン氏。組合によって最低賃金が保障され、40日の休暇があり、サマーハウス、それから列車の運転資格も持っておられるとの事だが、「貴方が演劇部門で活躍してゆく上で最も重要な問題は何ですか？」という質問には、「仕事と家庭のバランス」「過労」と答えて下さった。さて、インタビューの最後に、舞台監督にとってはいささか意地悪な質問を用意してみたのだが、「舞台監督は技術者であり芸術家でもあると思いますか？」というのに対し、ステン氏は、「勿論」とは答えず、「多いに技術者、少しだけ芸術家」と答えて下さり、ステン氏の人柄や職場での身の置き方が、同じ裏方として、よく解る気がした。

一時間半の会見の最後、「子供の劇は重要だ。」という言葉が特に印象的だったが、わざわざエレベーターの前まで送って下さったステン氏と別れ、ホッとしながら、とにかく直接電話して足を運び、会って話す事の大切さというものを、今日はつくづく感じた。

5・20（水）

巨大演劇工房

二週間後に「夏至祭」を迎えるスウェーデンでも、この時期は雨続きの日々が来るらしく、今朝から雨模様、──おまけに気温が8℃と冷えこんだ。とは言え、今日は研修の目玉中の目玉、最もスウェーデンらしい演劇施設を見学、調査出来ると言う幸運な日。ーTー発行の英文パンフレットで「スウェーデン国立巡業劇場」という名称で紹介されている「リクス・テアテルン」への二度目の訪問となった。……1934年創設の「リクス・テアテルン」は、現在〝年間1、400回ものドラマ、ミュージカル、ダンス等の公演を、国内300の開催地に向け、手配、巡業している〟との事だが、半月前、この劇場内にある子供向け劇団「ウンガ・リクス」を訪ね、インタビュー調査を受けて下さった文芸編集担当のトルビョン・ヘルム氏が、今回の段取りをして下さったという次第。

ストックホルム市内から地下鉄で約一時間程のHallundavägen（ハルンダヴェーゲン）駅で降り、劇場へ。約束の午後一時。受付でトルビョン氏に電話して頂くと、一階のレストランで待っていてくれ、との事。程なくレストランにトルビョン氏も現れ、赤いシャツの男性を紹介して下さった。男性は「ウンガ・リクス」で舞台監督を担当され、日本でも二度公演された事があるというオーレ・スコーグ氏。僕がインタビュー用の書類を出すと、「私の名前は日本語で言えば〝森サン〟です。」と言いながら、英語の質問事項に自らペンを走らせ、英文で答えて下さり、おかげでテンポよく調査は進み、最後に「舞台監督として喜びを感じるのはどんな時ですか?」という質問には、「自分自身が全体の中の一部だと心から感じられた時。」という言葉を寄せて頂いた。そのスコーグ（森）氏と別れた後は、写真のフィルムが何本あっても足りない程の見学となった……。

先ず大きい方のビルの四階からスタート。衣裳、靴、帽子、ベルト等、時代別にきちんと整理され、ハンドルで自在に出し入れ出来る倉庫。三階はかつらと衣裳の製作場。裁断用のテーブルの大きさが空間の広さを示していたが、トルビョン氏が「日本のお客様に写真を撮らせて下さい。」と言うと、作業中の女性達が「どうぞ、どうぞ。」と快く迎えて下さった。ヴェクショーの「レジョン・テアテルン」もそうだったが、稽古場、舞台と製作場が一体となった施設は、元々はこの「リクス・テアテルン」がモデルなのだろう。大道具、小道具、衣裳、かつら等、寸法取りや製作について、劇団と業者さんとの間で電話やFAXを何度も往復

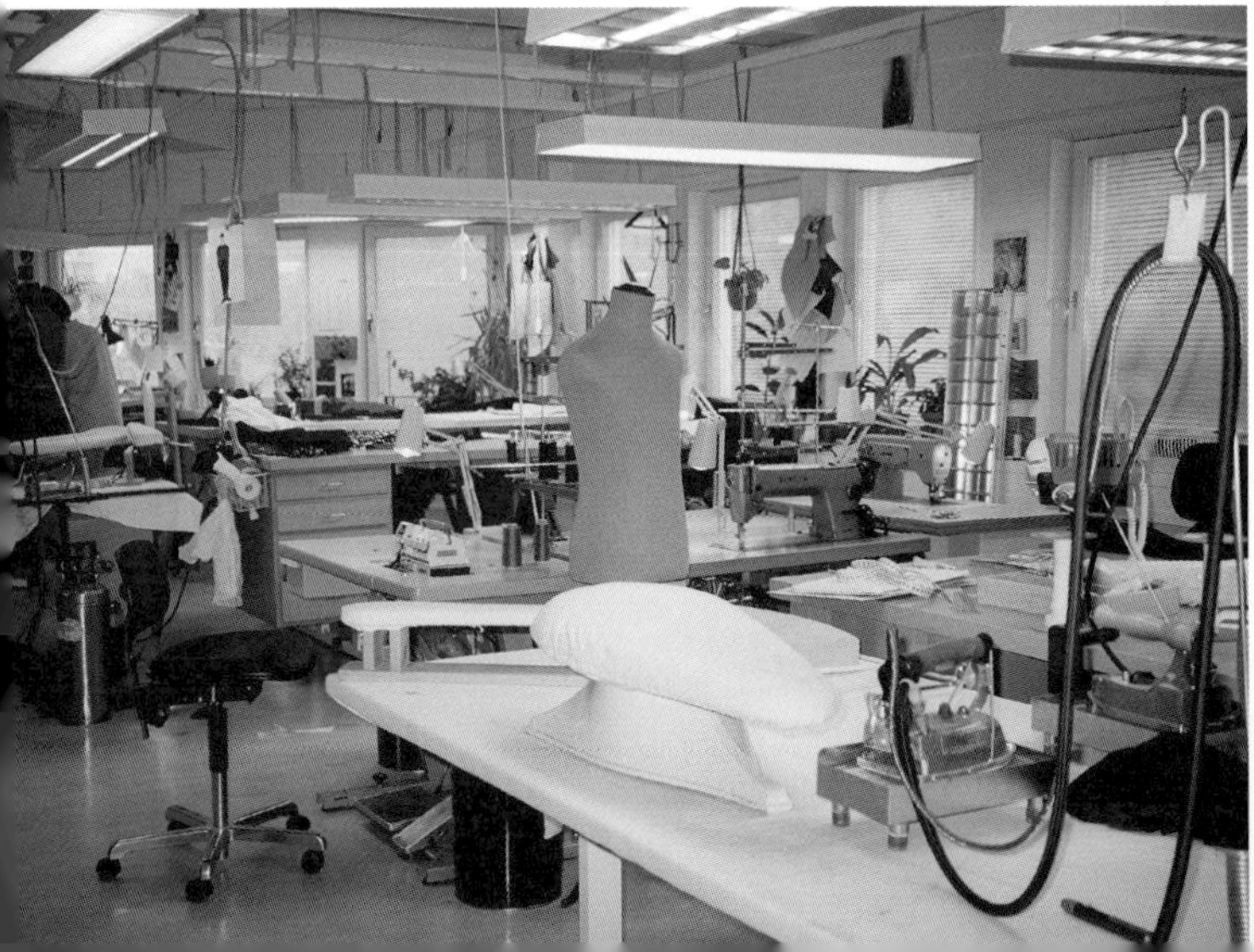

せねばならない繁雑さは、ここには無い。二階のフロアは全て照明用、器材が並んだ棚、奥の日当りの良いデスクでは、いかにも電気職人といった方が修理をしていた。一階は音響、録音スタジオ。録音したものが、すぐ隣りでソフト化出来る。その同じ一階に、ポスター、チラシ等の印刷所があり、印刷機は日本製だとか。そして一度ロビーに出、今度は別棟へ。ズドンと広い廊下があり、右手には客席、緞帳も備えた舞台、楽屋もあるスタジオが３つ並び、廊下を挟んだ向かい側に小道具製作場、倉庫、二階に絨毯、カーテンの細工場等、隣りにフロアいっぱいにドロップを広げた大道具製作場、奥に木工の製作場があり、クラシックな椅子を作ったり、演出家の注文に従って仕掛けの切り穴を細工する大工さんも働いている。そのまた奥に溶接など金属加工の作業場。引き返し二階の稽古場。「ウンガ・リクス」の他にも、手話の演劇、フィンランド語の演劇、ダンス等、劇場が抱える各部門のグループが、同時に稽古出来る六つの稽古場があった。

　最後に「ウンガ・リクス」のある四階事務所へ戻り、芸術監督のモニカ・スパルビィさんと偶然御話しする機会を得たが、「この施設の素晴らしさを日本の皆に知らせたい。」と、またここでも言わずにはいられなかった。

６・３（水）

白い帽子　約束の火

「リクス・テアテルン」訪問の二日後、アパートから歩いて６、７分程のセント・エリクス街で、飛び切り面白い光景と出会った。日本とは違って夏のヴァカンス前になるのだが、今朝方卒業式を終えたばかりなのだろう――、男子も女子も、その証拠である水兵のような白いカバー付きの学帽を被った高校

卒業生達による、お祝いの〝市中引き回し〟とでも呼べそうなパレードとバッタリ。……各々首にスウェーデン国旗と同じ青と黄色のリボンを下げ、花束やシャンペンを抱えていて、兄弟とか親とか、家族と思しき人達が、卒業生の子供の頃の写真を大きく引き伸ばしたのをプラカードに貼り付け、高く捧げて従いつつ、オープンカー、トラック、馬車等に乗り、次々大騒ぎしながら市内を走り回るのだ。

中には、バカ騒ぎを控え、金をかけず、少しでもこのノリに抵抗をしたいのか、小さいプラカードを持った父親と二人、極まり悪そうに徒歩で行く男子生徒も見かけたが、一方エスカレートする側には上には上があるらしく、昼食後、ヴェステル橋下の湖畔にあるカフェでコーヒーを飲み、青空の下で読書をしていたら、すぐ目の前の芝生に何処からともなくヘリコプターが飛んで来て、真っ白いドレスを来た高校卒業生の女の子が、友人にワイワイ囃し立てられながら、ヘリコプターに乗りバタバタと飛び去って行ったのだ……。

日本の高校生達がハメをはずすと言っても大人しいものだ、と彼らを見て思ったが、一方高校を卒業すれば飲酒も認めると言う事は、その時点で彼らに大人の仲間入りをさせるという事を意味する。当然彼らは、日本の若者よりは早くから〝社会的責任〟を負う中で生きて行く、と言えるか。

ヘリコプターが飛び去った同じ公園内で、そう言えば一カ月前、メーデーの前夜に「ワルプルギスの夜」と呼ばれる伝統行事と出会ったのを、ふと思い出した。「五月一日の聖ワルブルガのお祭りの前夜。たいてい、遠くからでも見える小高い丘のうえに焚き火がたかれ、高校を卒業した者がワルプルギスの夜にかぶる帽子に似た、頭部の白い、ひさしつきの帽子の人々が、焚き火の前に進み出て、何曲もの歌が次々と歌われる。曲は、全国どこも同じ内容の、冬が終わり春が訪れたことを告げる曲。」(『メインポールとザリガニとルシア祭・スウェーデンの祝日と伝統』より)

……僕が駆けつけた時には、午後九時を過ぎて合唱は終わった後だったが、日没はまだ今程遅くなくて、うす暗くなった空の下に焚き火が勢い良く燃え、大人や子供達が火のまわりを何重にも取り囲んで、イースターで部屋を飾ったカンバの枝などを燃しながら、歓声を上げたり、談笑したり……。コンクリートで出来た運動場の石段の一角には、缶ビールやワインを酌み交わす高校卒業生の五人組がいて、大人っぽい体格にもかかわらず、卒業生にだけ許されるという白い帽子が女の子の長い髪に不思議と似合っていて、思わず写真を撮らせてもらったのだった。……だんだんと暮れてゆく中に、焚き火と人々がいつまでも佇み、木立や芝の向こうの湖の先には、ストックホルムの中心街の灯も見え、長いひと冬をやっと越した実感をじわっと味わったのだが——。それ以上に感動的だったのは、いつの間にか、手話と手話とで盛んに談笑し合う二十人近いグループと隣り合わせた事。火の勢いや周りの歓声に負けない程の勢いで、あちこち手話と手話とでペチャクチャやっていた。その時思ったこと。——よくスウェーデンを外側から語る時、高い福祉の代償には高い税金がある、という言葉を耳にするが、だったらこの国の人々は、何故その税金を払い続けて来たのだろう。自然はどんなに厳しくても、必ず春がやって来る。その約束を自然は守る。そんな自然と身近にいて、きっと政治家達も約束を守り続けて来たのだろう。

6・5（金）

森のコンサート

スウェーデンの「建国記念日」の今日、一ヶ月前に「パントミーム・テアテルン」公演の客席で、偶然隣り合わせたジル・ウェスターマークさん御夫妻が、午後から催される自然保護のための野外コンサートに誘って下さり、御夫妻と同じ団体のメンバーでいらっしゃるサチコ・タカミさんと、ハントヴェルカル街のFホテルの前で待ち合わせる事になった。

午後一時前、「Friluftsfrämjandet」（アウトドア・プロモーション）という団体名の入った揃いのジャケットを着たサチコさんと初めて御会いし、お仲間のスウェーデン人御夫妻の車に同乗させて頂いた。……車中、昨日セント・エリクス街で見かけた高校卒業生達の、オープンカーやらトラックやらに乗り込んでの〝バカ騒ぎパレード〟の話しをしてみると、サチコさんの娘さんも、今年音楽学校を卒業され、卒業式の日には、御友達と何人かで馬車に乗ったのだそうだが、あの大騒ぎのパレードは、ストックホルムのみならずスウェーデンのあちこちで行われるとの事。と言うのも、最近は結婚しても式を挙げない若者が多いため、親たちがここぞとばかり奮発するのだそうだ。

「元々この自然保護団体には、娘が幼稚園の時に興味を示したのがきっかけで入ったが、この国では十八歳になると、選挙権も被選挙権も与えられ、娘は今度自然保護を訴える立場で市会議員に立候補するのよ。」とサチコさん。再び、日本とのギャップを痛感した。

さて、車は一時間程で、会場となる「リダ野外庭園」へ到着。森に囲まれ、なだらかな芝が広がる向こう側には、湖も見渡せるが、ロッジの脇の緩い斜面には、子供達の桟敷席となるシート、大人達の木のベンチが仮設されている。午後二時。舞台となる木立の間には、カラフルな模様をあしらった二十個近い傘が置かれ、進行役のジルさんが登場。「今日はスウェーデンの最初の国王が選ばれた日ですが、ここにも森の王様がいます。」と言って、団体の創設者であるイェスタ・フロム会長を紹介。—もうすぐ九十歳を迎えるイェスタ氏は、実際に森の中でひとりで十年過ごした経験があり、今回は、彼が生み出した「人間が自然を荒らさず森と仲良く暮らすために手助けをしてくれる友達」そんなキャラクターの〝森の精ミューレ〟〝水の精ラクセ〟〝山の精フェルフィーナ〟に加え〝宇宙の精ノバ〟が登場するとの事。ジルさんの御主人が鳴らす雷の効果音でコンサートは始まり、傘の後ろから絵本と同じ姿の〝ミューレ〟や〝ラクセ〟に従われた六歳の子供達が次々登場。〝年老いたミューレ〟の愛称で皆に親しまれるイェスタ氏の作詞、作曲による歌が数々披露された。歌の途中では、「パントンミーム・テアテルン」のブー氏も登場。ネコやらイヌやらの達者な演技で大活躍、盛んな拍手を受けていた。結局コンサートでは、総勢二百名もの六歳の子が歌い、「自然を大切にしよう」とのメッセージを伝えたが、最後に挨拶に立ったイェスタ氏の言葉には、御年を感じさせぬ迫力があり、「あのエネルギーにいつも引きずられてしまう」とサチコさん。

……その後は「野外庭園」内を散策、小高い山の上から森と湖の景色を存分に味わった。

帰りの車中、僕の、例の〝インタビュー調査結果〟について、皆さん興味深く聞いて下さったが、特に「現在、この国の演劇人が抱えている最も重要な課題は何か、という問いに対して、労災や収入、年金についてではなく、仕事と家庭のバランスだ、と答えた人が大半だった。」と打ち明けると、「でもスウェーデンの人達が皆そういう意識になったのは、ここ十五年くらいの努力の結果なのよ。」とサチコさんが代表して答えて下さった。話題はスウェーデンの子供と日本の子供との違いに及んだが、「日本の子供は森の中を上手に歩けないし、生き物に触れないわね。」というサチコさんの言葉が、特に印象深く残った。

6・6（土）

夏至祭を目前に

市内のあっちこっちの公園にも、花や葉で飾られた「ミッドサマー・ポール」が立てられる夏至祭の時期—太陽は午後十一時を過ぎないと沈まないし、午前三時には、アパートの周りで小鳥が囀り始める、何ともわくわくと落ち着けない日々。加えてフランスではワールドカップが始まり、ここストックホルムは、今年『欧州文化首都』に指定され、フェスティバルやイベントも盛り沢山……。そんな中、つい四日ばかり前、六月十五日には、文学座で僕の一期先輩にあたる演出家の西川信廣、匡子夫妻が、旅行先のロンドンからここスウェーデンへも足を伸ばされ、二泊三日、忙しく、楽しく、有意義な時を共にした。演劇視察のタイミングとしては、ストックホルムはシーズン・オフに入ってしまった後で、王立劇場始め、国を代表するようなアンサンブルの公演は観れなかったが、ストックホルム市立劇場では『ノンストップ・パペッツ』という大人向け人形劇の連続公演があり、また野外劇シーズンの始まりという時期でもあり、西川夫妻とは、オランダ人男優によるソロ人形劇『サロメ』、リクス・テアテルンの野外ミュージカル『70，Girls，70』を観劇した。このリクス・テアテルンによる野外劇は、「パーク・シアター」と称して、今年56年目を迎えるそうだが、市内あちこちの公園等にかなり本格的な仮設舞台を作り、巡回する入場無料のサービス公演、いかにもスウェーデン的催しの一つだが、ストックホルムの近郊Hägersten地区での観劇は、白夜とは言え、時折雨が降り、グッと冷え込む悪天候。大勢集まった地元のスウェーデン人達の熱気でも追いやれない寒さで、西川夫妻には気の毒をしたが、それでも終演後、芝居談義で食事しなが

ら、スウェーデン人達の我慢強さに大いに感心し合ったりした。

さて、例のインタビュー調査の方は、ストックホルム市立劇場内にある二つの人気劇団を訪問。先ずスウェーデンを代表する女性演出家スザンヌ・オステン率いる「ウンガ・クラーラ」。六月十一日、十二日の二日間に渡り、制作担当のペーター・コーラリック氏、舞台監督のラルス・アップルクヴィスト氏にインタビュー。稽古場も兼ねた大小二種類の舞台に使われる劇場スペース、小道具の製作場等も見学させて頂いたが、御二人のインタビューに共通して感じられたのは「王立ドラマ劇場」等に比べて、労働時間や収入に問題がある、との解答が目立った点。舞台監督のラルス氏は音響オペレーターも兼ねているとの事だったが、このシーズン「ウンガ・クラーラ」公演の『かもめ』を二度観る機会のあった僕には、違った角度でこのアンサンブルの〝頑張り〟を再認識した。つまり、「ウンガ・クラーラ」の『かもめ』は、「王立ドラマ劇場」の『桜の園』と対抗するような形でのロングランとなったのだが、装置も衣裳も照明も予算をかけ豪奢だった『桜の園』に対して、『かもめ』は、何よりも役者達の熱意が全面的に出た舞台、というか、「この人達は、さぞや各場議論し合って創ったんだろうな」と稽古場が想像出来そうだったから。そういう意味で、「王立ドラマ劇場」との諸条件の格差という現実の厳しさは当然ながら、だからこそ、負けまいとする〝情熱〟にまま〝収入〟が追いつけないのではあるまいか……。

もうひとつは、これまた女性演出家インゲル・ヤルメルト・モリッツ率いる人形劇団「ロンガ・ネーサン」。昨日、六月十八日に、制作担当のレーナ・ヘルストレームさんと会見。この二月に観劇した『天使のキャンディー』という新作人形劇の感想など交え、インタビューさせて頂いたが、大人向け、子供向け、両方の人形劇を創っているこのアンサンブルに所属されている立場でのモットーをお伺いしたら「それは、子供達への献身です。」というストレートで素直な言葉が返って来た。この二つの劇団、応援したい気になった。

6・19(金)

ホーム・パーティーの窓辺

夏至祭の前日、六月十九日には、この一月にも御会いした平山光太郎氏の親友、カーリン・リンデボリィさんの御宅へ招かれ、音楽を愛好する御仲間達十二、三人してのホーム・パーティーに加えて頂いた。皆さん僕よりはだいぶ年上で、六十代から七十代の方がほとんどだったが、御仲間の中には、近く結婚されるというカップルもあり、記念撮影の瞬間にもキスし合ったりで、大いに盛り上がった。カーリンさんの御住まいは、ストックホルム市の西方ブロンマ地区にあるのだが、現在は離婚され、一軒家に一人暮らしをされているカーリンさんの家で、日本でよく見る御年寄り達の集いとは、また違った〝寛ぎの時間〟というものに触れることが出来た。とにかく皆さん自分達の楽しみ方をよく心得ていらして、例えば庭のあちこちにクイズの書いてある紙切れがあり、参加者はそのクイズを解きながら庭を歩き、最後に全員で答えを確かめながら、景品を交換し合ったり。また食事の後には、各々得意な楽器でクラシック曲を演奏し合ったり。……カーリンさんが季節毎に飾り換える食卓は、黄色いチェックのカーテンとテーブルクロスが、白夜の日差しの入る窓辺とよく合い、卓上には、赤いローソクや花々と一緒に、ミニチュアの「ミッドナイト・ポール」まであって、平山氏ともカーリンさんとも大親友のマリエッタ・ヘドルンドさん等が、ビールグラスを片手に「今年、アストリッド・リンドグレーンは、ノーベル賞を受賞出来るか」という話題に熱中されていた。—この日はもっぱらカメラマン役を買って出た僕だったが、年金生活の保障された国の〝優雅な老後〟という日常だけでなく、例えばカーリンさんならピアノ演奏、マリエッタさんなら「知的障害を持った若者達に演劇を体験させるグループのリーダー」といった生きがいを支えに、それぞれが自分の生活を楽しんでいる、そんな皆さんの生き生きした表情と出会う事が出来た。また御仲間の中には、小柄なユダヤ人女性の方もおり、その女性がカーリンさんの弾くピアノに合わせヴァイオリンを奏でる姿をレンズ越しに見ながら、—ひょっとしたらこの方は、アンネ・フランクと同世代かな……などと、思いが錯綜し、改めて御一人、御一人、心に刻む一日だった。あれから一週間経ったが、今日は、

今回の研修活動に大きな弾みを与えて下さった「ITI、スウェーデン・センター」理事長、アン・マリ・エンゲルさんに、ヴァカンス前にもう一度御会いし、例のインタビュー調査にも協力して頂こうと思い、快晴の午後、再びスルッセンにあるその事務所を訪れた。―アン・マリ・エンゲルさんは、職歴二十一年。例の「シアター・ガイド」の編集を初め、海外向けには英文と仏文によるスウェーデン演劇の年間紹介誌『swedish／suédois THEATRE』の発行もされているし、『人民の庭の演劇』という著作もおありとの事。これら演劇情報の提供と同時に、演劇フェスティバルの開催、また国際交流もされている御忙しい立場で、演劇とスタッフの職場環境に関するアンケートに対しては、「スウェーデンでは演劇は非常に盛んであり、舞台監督、スタッフは、生活に必要な収入を充分に得ていると思う」との答えで、今後の重要課題としては、「過労、教育、職場の将来」という三つを挙げて下さった。また僕個人へは「貴方の全ての演劇活動を促進し保護して下さい！　国際的な交流を維持して下さい！」との英文メッセージを頂いた。

　インタビューを終え、事務所のサイン帳に記帳させて頂き、その後は隣室に移り、部下の若い女性達と共に、僕らはコーヒーを飲み、演劇や映画の話題、僕の研修成果や今後の抱負についてなど楽しく談笑した。

　さてインタビュー調査の残りもわずかだが、次回はヴァカンス明けを狙って、八月末から再開としよう。

6・26（金）

白夜微笑む

　七月になり、スウェーデンでの研修生活も、残り八十日を切った。多少気が早いかも知れないが、出発のあわただしさを思い、一昨日から、不要な物の荷造りなどし始めた。日本の文化庁宛てには、一カ月毎の報告のほか、三カ月分まとめての研修成果、感想を書く作業が義務づけられているが、その第三便も、四日前、無事に郵送することが出来た。それに加え、先月ストックホルムを訪れた西川氏夫妻がメッセンジャーになり、我が劇団の機関紙『文学座通信』に、こちらでの研修の様子を載せたい、との文芸部の依頼も受けている。僕とは出発も帰国も同じ日という演技部の得丸伸二君、彼の研修先であるロンドンと、こちらとの『往復書簡』というスタイルではどうか、という企画。演劇の本場であるロンドンと、ここ北欧での事情の違い、また共通点もあるだろうし。日本からのふわりとした風を感じつつ、劇団の仲間に何を知らせようか……、あれこれ構想の膨らむ日々でもある。

　さてそんな中、昨日は半日かけて洗濯、部屋の掃除を済ませた後、今月ぜひ観たかった野外劇のひとつ、スウェーデン版『真夏の夜の夢』へ出かけた。というのも、原作はシェークスピアではなく、カール・ヨーナス・ラヴ・アルムクヴィストとか。四日前、「スウェーデン・ハウス」へ出かけ、入場券を求めたが。何やら奇怪な感じのポスターに加え、チケットは食事券とのセットのみで、295クローナ(5，300円程か)、何と、三日後に行く「リクス・テアテルン」のテント劇『ニルスのふしぎな旅』の三倍もの値段！一瞬ためらったが、体験への投資、と購入した次第。

　会場となる「ハガパルケン」は、ストックホルムの北西ブルンスヴィケン湾岸に、18世紀末、グスタヴ3世が造らせた自然公園。この季節、午後六時に

なると、湖岸の芝の広場で、ラジオ体操ならぬ〝白夜のエアロヴィクス〟で賑わう処。さて、千秋楽の今宵の開演は7時。野外劇場へは、船着き場から汽船に乗って、という趣向。出航前、制作者と思しい女性から、にこやかにパンフを手渡され、6時半、出航。白塗りをした若い男優が、船内でユーモアたっぷりに原作者などの解説。日本ではほとんど名前すら知られていないが、毛利三彌氏の『北欧演劇論』の中では、「1810年代に出てくるスウェーデン・ロマン主義文学の最高の作家」「ストリンドベリの一世代前に登場した先駆的な破滅型人物」として、彼の作品と生涯とが紹介されている。

　さて十数分程で船は着き、皆と向かったのが、「エコテンプレット」と呼ばれる建物。湖岸の丘に建つクラシックな吹き抜けの御堂で、グスタヴ3世が、夏場の食堂として造らせたもの。約八十名程の観客席に着き、振り返ると、周りをゆっくりと俳優たちが往き交い、舞台では、主人公役が机に向かい、瞑想。

「まさに真夏の最中。その日、ささやかな夢想にペンを走らせた疲れのあげく、若いアルムクヴィストは眠りの中に落ちてしまう。彼は夢の中で、男でもなければ女でもなく、人でも獣でもない不思議な登場人物と出会う」

パンフによれば、夢の中で、若きアルムクヴィスト自身が創作した小説や戯曲の登場人物たちと出会う、そんな設定らしい。目の前の九十分、奇怪な男女四人が主人公を次々悩ませ、ドラキュラのような男が、付きまとう女の股間に噛み付くような場面もあるのだが。ふと不思議な感覚にとらわれるのは、劇の流れとは関係なく、背景である自然の木々が、日差しを浴び、時折風でざわめいたりする時空の味わい……。〝薪能の白夜版、北欧風の幽玄〟とでもいうか。

　帰りはまた汽船に乗り、17世紀の建物を改造した有名レストランで料理を味わい、同席の方々と話しも弾み、別料金とは知りつつ、ついワインのお代わり。こういう〝野外劇体験〟、もう二度と味わえない気がしたものだ。

7・5（日）

王さまたちの祭り

　八月七日から、恒例の「ウォーター・フェスティバル」が始まり、ストックホルムの中心街は、連日大変な賑わいを見せた。1991年から始まったというこのお祭りは、水の汚染防止に貢献した世界各国の企業や個人に「水の賞」を授与し、環境汚染防止を広く促すことを目的としているのだとか。〝北のベニス〟と呼ばれるにふさわしい景観のガムラ・スタン（旧市街）の周囲には、屋台や野外コンサート、イベントの特設会場などが建ち並んだ。特に王立オペラ劇場、王宮など、豪奢な建物を幾つかの石の橋で結ぶ区域には、電飾つきの水上レストランまで出店して人、人、人。東京の皇居や国会議事堂の前では、とても考えられない、とタメ息が出た程だ。

そして二十二日からの三週間、スウェーデンを代表する劇作家を記念した「ストリンドベリィ・フェスティバル」も始まり、多種多様な参加グループにより、市内39もの会場で、演劇やダンス等の公演が行われている。

演劇界も新しいシーズンの開幕、という時期。僕の研修期間もあと一カ月を切り、昨日、二十七日には、再びインタヴュー調査を開始した。午前11時、人形劇場「ロンガ・ネーサン」のあるストックホルム市立劇場内で、照明、音響オペレーターと舞台監督を兼ねておられるトーマス・フローヘッド氏と会見。—氏は、職歴15年でこの劇場は3年目。トランペッターとしての演奏活動もしているそうで、スウェーデンの演劇状況については、幾つかの重要な問題点を指摘して下さった。「舞台技術者のための教育施設はまだまだ不充分。」、「スタッフは平等だが、給料は低い。」、また「外国の演出家に言わせると、スウェーデンの俳優の演技術には問題がある」と

の事。「舞台監督は技術者であり芸術家でもあると思うか?」という質問には、「勿論両者」と答えて下さったが、音響オペでは他の劇場の公演でも働いておられる、という氏ならではの〝率直で客観的な目〟を強く感じた。

さて、今日は生憎の雨模様。だが夏至祭の頃のホームパーティでも御会いしているマリエッタ・ヘドルンドさんから、今夜は知的障害をもつ若者たちによる演劇公演のお誘いがあり、夕方から早速、会場であるオールスタ・プランの「オールスタ・セントルム」まで出掛けた。……古い建物ながら、入り口の階段には車椅子用の昇降器具が備わり、開演前、ロビーには車椅子や知的障害の若者、保護者たちで賑わい、受付でマリエッタさんの知人であることを申し出ると、にこやかに歓迎して頂いた。午後七時開演。先ず公演リーダーのマリエッタさんが黒服で舞台に現れ、「ようこそ!―声が小さいよ!」と客席にアピール。音楽が始まり、アストリッド・リンドグレン原作『山賊のむすめローニャ』の開演。―舞台奥のカーテンに、酒盛りしながら歌う盗賊たちの踊りがシルエットで写し出された。「ローニャは森の砦に棲む山賊のかしらマッティスのひとり娘。対立する山賊ボルカ一味のひとり息子ビルクと出会い、家出して森の生活を体験した二人は、親たちを和解させ、山賊の暮らしをやめたいのだが……」

上演時間の予定は一時間だが、途中出演者のひとりが台詞が解らなくなり、舞台袖へ引っ込んでしまうなど、なかなか劇が進まない。だが、入場者にしたら百人足らずだろうか、そうしたわが子たちの晴れの舞台を、物静かに辛抱づよく、じっと見つめる目線があることを身近に感じ、何かほのぼのと満たされた。

カーテンコールで舞台前に並び、観客の熱烈な拍手に答え、手をつなぎ、差し上げる、誇らしげな十三人の若者たち。その余韻のまま、マリエッタさんに一言挨拶しようと客席で待ったが、マリエッタさんは無事初日の開いた興奮で、知り合いの方の手を固く握り、舞台上でいつまでも話しをしていらした。

福祉先進国を支えているものと触れた日―。

8・28(金)

スタッフ養成も国で

帰国日まで、あと五日と迫った。出国予定の九月二十日は、四年に一度のスウェーデン国政選挙の投票日、――選挙期間中の景色は、日本とはだいぶ異っている。先ず選挙カーで候補者名を連呼する習慣はなく、その代わり繁華街の交差点などで、候補者と有権者とが間近に対話している光景をよく見かける。また市内のあちこちの歩道に、小型のログ・ハウス風の「選挙小屋」が建てられ、子供たちも自由に出入りして、各党の政策や選挙について学べるようになっている。投票率は、低い時でも85％に達するそうだが、国民の声が直接政治に届いている証し、と言えまいか。

さて、研修もいよいよ最終段階。一週間前の八日には、二歳から五歳の幼児のための人形劇場「ティテュート」を訪問し、代表者のイングマリ・ティレーンさんに、スウェーデン語書類でのインタビュー調査を試みた。

――劇場創立二十一年目を迎えたイングマリさんは、「演劇が自国の文化を主導している」と思う反面、「子供向けの劇場に対して、国の文化政策は充実しているとは思えない」との御意見。「ティテュート」の場合、年間総予算に対して政府助成金は20％、ストックホルム市からも18％を受けているそうだが、確かに70～90％助成される公立の劇場に比べると、雇用人員10名で公演予算の60％を公演収入で賄う負担は、だいぶ大きいと感じられるのだろう。また「貴方が演劇部門で活躍してゆく上で最も重要な問題は何ですか？」という質問には、「労働災害の補償」を第一位としながらも、「収入」「仕事がない」「舞台の安全」など、幾つかに○をつけて下さった。インタビューを終え、イングマリさんは、人形劇の原作になった絵本を何冊かプレゼントして下さったが、この劇場の存在は、日本の人形劇界にとっても、小さいがひとつの目標となるもの、という気がした。

これで公立、自立から選んだ8つの劇場での調査を終えた訳だが、さて研修の最後に、スタッフ養成の教育施設を訪れたい、という僕の願望には、「ITI」スウェーデン・センター理事長の、アン・マリ・エンゲルさんが協力して下さった。

……十日午後に教育施設へ電話し、アン・マリさんにご紹介して頂いた旨を伝え、今日、正午から「ドラマティスカ・インスティテューテット」(国立映画、テレビ、ラジオ、演劇人専門学校)で舞台技術専門部門のマネージメントをしていらっしゃるトーマス・ミルスタム氏と会見出来ることになった。午前中、アパートの荷物を郵便局の海外便で日本へ送るのに手間取り、施設へはあわててタクシーで行くハメになったが。トーマス氏とは、先ず施設内のレストランで御会いし、早速インタビュー調査をした。トーマス氏は、照明デザイナーとしてはオペラ、演劇、ダンスなど、毎年5つのプロダクションを担当。日本の演劇では、文楽など伝統的な人形劇に興味があり、現代芸術としては、舞踏が最も興味深い、との事。ここでの氏の職歴は十二年だが、1973年創立のこの国立専門学校のシステムは、ユニークで大いに感心させられた。「コースは9つ。演出家、照明、音響、舞台装置、衣裳、舞台技術、制作者、メーキャップ、劇作。高校卒業後、一度プロフェッショナルな仕事の経験を積んだ者が入学資格を持つ。政府助成金により、授業料は無料。一年間で適性がチェックされる」というもの。学生数は、年間70名ほど、平均年齢25歳前後。昨年、舞台技術コースには、30歳の女性が一名在籍していたそうだ。英語で言えば「フィルム・ハウス」と呼ばれる施設内にこの学校はあるのだが、インタビュー後は、トーマス氏の案内で各教室、稽古場となるスタジオ、作業場など見学させて頂き、その充実ぶりには「リクス・テアテルン」の時と同じような驚きを感じ、一方やっとパズルが完成したような満足感も味わったものだ。

9・16(水)

今日の日はさようなら

いよいよ明後日には、スウェーデンを離れなければならないが。昨日、今日の二日間は、今回研修に協力して下さった方々に御礼を言いたくて、各劇場を訪問してまわった。—と言うのも、あたまの中では、小さなお店でも借りて、皆さんが一同に会するようなパーティーでも開けたらどんなにカッコイイか、などと夢見たりもするのだが、現実にはとても叶わない。そこで今回のインタビュー結果の報告を兼ねたオリジナルの「パンフ」をこしらえ、挨拶の代わりに手渡すことにしたのだ。表紙には僕からのメッセージと連絡先。開くと皆さんのサインをコピーしたものが、インタビューした日付順に並んでいて、右面に英文でのアンケート結果を記した。また裏面には、日本のフォーク・ソングの楽譜を一曲コピーして添えることにした。「これは、日本のニュー・フォーク・ソングのポピュラーな一曲です。次の機会にご一緒に歌いましょう」という具合。

今回、僕の受け入れ先になって下さった「シアター・ペロー」のクリスマス・パーティーの際、『ぞうさん』の唄をスウェーデン語で歌って拍手されたから、という訳ではないが、森山良子などが歌ってヒットした『今日の日はさようなら』であれば、メロディーも覚えやすく、英語、スウェーデン語にも置き換えやすく、惜別にはいいかな、と単純に考えたのだ。ところが言語感覚というものは、なかなか「意味を並べる」だけではシックリこないものらしい。

……五日前の十三日、「ペロー」代表で演出家のペーター・エングクヴィスト氏から、引っ越し祝いに招待され、食事のあと、早速僕が英文に訳してみた『今日の日は……』の楽譜を出して、主旨を説明し、「これをスウェーデン語で歌えないでしょうか？」と持ちかけてみた。ペーター氏も最初は興味を示し、いろいろ自分で口づさんでみたり、努力して下さったが、「歌詞の意味は解るけど、歌えるスェーデン語にするのは難しい」と、新居の流しの配管の具合か何かが不調らしく、その修理のために退席してしまった。結局、僕の願いに応えて下さったのが、「ペロー」の仕事仲間で、ペーター氏の新居の隣りの家にご夫婦で住んでおられるエヴァさん。日本の古い文化や建物等に興味があり、実際来日して取材された経験がある、という女性。僕のつたない英訳詞を、タイプライターのように何度も繰り返して読み、一時間も格闘しただろうか。「今日の日は さようなら また会う日まで」という繰り返しの部分だけ、やっとスェーデン語歌詞に置き換えて下さった。それで親しさが増したか、まだまだ日の落ちない庭へ出、ご自分の家をご主人と二人して案内して下さり、モダンな地下の書斎では、日本を旅行した際に撮ったという日光東照宮、また何かのお祭りの武者行列の写真など見せて頂いた。

こうして、アパート近くの文具屋のコピー機を使ってこしらえた「パンフ」を持って、昨日は「レジョン・テアテルン」のあるヴェクショーへも日帰りで行って来た。この冬、子供向けひとり芝居をご一緒し、最も親しくして頂いた俳優のユルゲン・アンデション氏は、『僕の姉妹は天使』の旅公演中とのこと。劇場支配人のイングリッドさん等も会議中ということで、ゆっくりお会いする時間もなかったが。とにかく「パンフ」にも記したメッセージを伝え、帰りの列車時間まで、ストックホルムとはまた趣の異なった素朴で美しいヴェクショーの町、駅の近くの湖など、残りわずかなスウェーデンの空気を存分に味わった。……また今日は「二十四時間チケット」という、一日地下鉄乗り放題の切符を買い、「ストックホルム市立劇場」「ITI」「ティテュート」……と、双六のように各劇場を訪問して回った。映画を見終わった後ではないが「Far vär Farvär（ごきげんよう）」

9・18（金）

Ⅲ ―研修報告・資料より―

帰国直後、文化庁へ提出した「研修報告書」より、特に重要であると思われる内容を選び、紹介致します。

以下、平成9年度文化庁在外研修1年派遣研修員（舞台美術等：分野）研修報告書より

研修題目：スウェーデン高福祉社会下における舞台監督の環境と養成

研修課題：日本の舞台監督、スタッフが置かれている現状とスウェーデンの演劇人の職場環境を比較検討する

○「舞台監督協会」（現「日本舞台監督協会」）では、1997年7月、協会員156名を対象にアンケート調査を実施したが、その内容は賃金や現場でのトラブル、協会員個々の不安など、協会が取り組まねばならない重要課題の幾つかを浮き彫りにするものとして、協会員の現場からの率直な声の集積となった、と言える。

（〈参考資料1〉協会『アンケート』参照）

〈参考資料1〉

'97／7「舞台監督協会」実施

『舞台監督の現状と今後を語り合う』ためのアンケート結果報告より（解答者数は34名）質問と解答

QA：現在、舞台監督、スタッフとして、充分なギャラが支払われていると思いますか？

思う・・・・・・・・・0%
普通・・・・・・・・17・6%
思わない・・・・・・・70・6%
解答なし・・・・・・・11・8%

QB：舞台監督協会は舞台監督の最低賃金を示すべきと思いますか？

示すべき・・・・・・・79・4%
思わない・・・・・・・20・6%

QC：今後を見通して、最も不安なことは何ですか？

生活のこと・・・・・・35・3%
健康のこと・・・・・・35・3%
職場の将来・・・・・・32・4%
解答なし・・・・・・・14・7%

QD：いま現場で最も多いトラブルはどんなことですか？

公演予算のこと・・・・55・9%
人間関係・・・・・・・23・5%
ギャラのこと・・・・・14・7%
解答なし・・・・・・・14・7%
消防署と・・・・・・・8・8%
劇場と・・・・・・・・5・9%

QE：プロデュース公演等で、契約書は必要と思いますか？

常に必要・・・・・・・61・8%
時と場合により必要・・38・2%
不要・・・・・・・・・0%

QF：いま協会が取り組まねばならない重要課題は何だと思いますか？

労災・・・・・・・・・44・1%
最低賃金・・・・・・・41・2%
技能認定・・・・・・・35・3%
新人育成・・・・・・・35・3%
安全管理・・・・・・・32・4%
解答なし・・・・・・・5・9%
女性スタッフ育成・・・2・9%

QG：今後最も相互理解、コミュニケーションが必要なのは、どのパートですか？

制作者・・・・・・・・58・8%
劇場管理者・・・・・・26・4%
演出家・・・・・・・・20・6%

消防署・・・・・・・11・7%
音響・照明等・・・・5・9%

○『アンケート』結果が示す日本の舞台監督の置かれている現状は、次の様になるか。

「組合等で最低賃金が示される事もなく、契約書なしのケースが少なからずあり、予算上のトラブルを制作者との間で繰り返す様な現場を多く任され、舞台予算の管理、安全の管理、稽古・公演の進行の三つの責任を負い、過労と失業、労災の補償や後継者育成に不安を抱き、七割以上もが充分な賃金を得ていない、と感じている。」

○この日本の現状を踏まえ、世界で最も社会福祉の進んだ国の一つとされるスウェーデンにおいて、演劇人、舞台監督、スタッフがどの様な職場環境、仕事内容、生活状況にあるのかを具体的に知る事により、「舞台監督協会」とその協会員が、今後取り組む課題克服のヒントとなるものを収穫する事。

研修方法：スウェーデン演劇界の実情を理解するのにふさわしい〈国立、地方立、市立、自立〉の各劇場、劇団から幾つかを選び、また「国際演劇協会（ITI）」及び舞台技術者を養成する教育施設も調査の対象とし、私が作成した英文の調査用書類に従って質問に答えて頂くというスタイルをとり、訪問調査活動を行った。

調査期間：'98年3月16日から同年9月16日まで半年間

調査結果／報告1：

○訪問した八つの劇場、劇団のリーダー、プロデューサー等経営管理面の責務にある方達には、施設や運営内容、公演活動等の概要を質問した。

○舞台監督、技術監督等を担当されている方々には、私が実際観劇した演目に関して、その稽古や公演がどの様な職場環境でどう行われたかを伺い、更に契約、賃金、労災等の社会保険、また年金や休暇等の生活状況を質問し、舞台スタッフのチーム編成、舞台監督として負うべき責任範囲の差異に関して調査し、最後に公演の成果や舞台監督という仕事についてどう感じておられるか、等を質問した。

○これら合計16名の方々に、更に〈演劇の情勢に関する質問〉として、皆さんが自国の演劇情勢に関してどう考えておられるのか、十項目の質問によるアンケートを行い、その結果を〈報告1〉として整理した。

〈報告1〉

『演劇の情勢に関する質問』（解答者総数16名）

Q1：貴方の国（スウェーデン）では演劇は重要な地位を得る程盛んだと思いますか？

非常に盛ん・・・・・50%
（中間）・・・・・・6・25%
普通・・・・・・12・5%
（中間）・・・・・・6・25%
思わない・・・・・・25%

Q2：貴方の国では演劇は全ての文化の主導的な位置にあると思いますか？

思う・・・・・・31・25%
他と同程度・・・・56・25%
他よりも劣る・・・・12・5%

Q3：貴方の国の文化政策は貴方の劇場、劇団にとって充実していると思いますか？

とても充実・・・・・18・75%
普通・・・・・・31・25%
思わない・・・・・43・75%

Q4：貴方の国では演劇のスタッフは平等な状態のもとで働いていると思いますか？

思う・・・・・・・・31・25％
普通・・・・・・・・6・25％
平等ではない・・・・37・5％

Q5：貴方の国の舞台監督、スタッフは生活に充分な収入を得ていると思いますか？

思う・・・・・・・75％
普通・・・・・・・12・5％
得ていない・・・・・12・5％

Q6：貴方の国でスタッフ、照明技術者、音響技術者等の人数は充分だと思いますか？

多すぎる・・・・・・0％
丁度良い・・・・・・62・5％
不充分・・・・・・・37・5％

Q7：貴方の国で全てのスタッフが舞台の安全を保つ技術と知識を持っていると思いますか？

充分持っている・・・81・25％
普通・・・・・・・12・5％
時々危険を感じることがある
・・・・・・・・6・25％

Q8：貴方の国で演劇の組織や組合はよく機能していると思いますか？

思う・・・・・・・56・25％
普通・・・・・・・12・5％
幾つか問題がある・・・12・5％
解らない・・・・・・6・25％

Q9：貴方の国で舞台技術者のための教育施設は充分だと思いますか？

充分と思う・・・・・37・5％
普通・・・・・・・25％
幾つか問題がある・・・25％
解らない・・・・・・12・5％

最後の質問：貴方が演劇部門で活躍する上で最も重要な問題は何ですか？

仕事と家庭のバランス・68・75％（11名）
過労・・・・・・・37・5％（6名）
収入・・・・・・・31・25％（5名）
仕事がない事・・・・18・75％（3名）
教育・・・・・・・18・75％（3名）
舞台の安全・・・・・12・5％（2名）
職場の将来・・・・・12・5％（2名）
労働災害の補償・・・6・25％（1名）
健康・・・・・・・6・25％（1名）
国の将来・・・・・・6・25％（1名）
年金、貴方の老後・・0％（0名）

○スウェーデンの場合、1980年代から90年代にかけて深刻な経済危機に直面し、福祉や文化政策が厳しい見直しを迫られた昨今の状況を反映し、自国の演劇情勢に対して危機感を抱き、特に「政府助成金」の不充分さを訴える方々が少なくはなかった。が、日本の立場から、殊に舞台監督の置かれている状況に照らし捉えるなら、例えば〈Q5〉では、現場の当事者を含めた75パーセントもの方々が「スウェーデンでは舞台監督は生活に充分な収入を得ていると思う。」と答える注目すべき結果が得られ、日本の現状との際立った違いを裏付けた。

○また〈最後の質問〉でスウェーデンの演劇人、スタッフの方々が「最も重要な課題」としているのは、「過労」「収入」「失業」「教育」を上回り「仕事と家庭のバランス」という問題に70パーセント近くが集中し、「職場の将来」「舞台の安全」「労災の補償」は10パーセントに満たず、「年金・老後」に関しては0パーセントという結果を示し、何より、文化政策、社会保障の充実によって演劇人の〝不安要素〟が大きく軽減されている実情が、強く印象付けられる結果となった。

調査結果／報告2：

○スウェーデンの代表的な八つの劇場、劇団、演劇施設の内容は〈調査結果まとめ（1）〉で比較検討出来るように整理した。

〈調査結果まとめ（1）〉劇場、劇団等比較

【国立】

劇場名：王立ドラマ劇場（ドラマーテン）
舞台数：6
創立（活動年数）：1788（210年）
ジャンル（主な仕事）：200年の伝統を持つ国を代表する劇場・大人向け、子供向け。
舞台／客席：大舞台／805席
（稽古場）：大×1、中×3
年間雇用人数：370名
（俳優）：80〜90名
（演出・舞台監督・スタッフ）：40〜50名
（制作・職員等）：120名
年間予算：15，900万SEK
政府助成金%：70%
公演収入%（旅収入%）：30%（ほぼ0%）
年間観客数：36万人（子供5万人）
'97演目数：23本

劇場名：国立巡業劇場（リクス・テアテルン）
〈所属団体数〉：6
調査劇団名：ウンガ・リクス
創立（活動年数）：1967（31年）
ジャンル（主な仕事）：国内各地、また海外公演もある。国立の子供向け巡業劇団。
舞台／客席：巡業各地／60〜120席
年間雇用人数：14名
（俳優）：7名
（演出・舞台監督・スタッフ・制作・職員等）：7名
年間予算：2，500万SEK
政府助成金%：88%
その他寄付金%：8%
入場料その他：4%
年間観客数：5万人
'97演目数：12本

【地方立】

劇場名：BK地方立劇場（レジョン・テアテルン）
舞台数：3
創立（活動年数）：1992（6年）
ジャンル（主な仕事）：ブレチンゲ、クロノベリィ、二つの地方のために合併して創設された地方立劇場。大人向け、子供向け。
舞台／客席：3／各120席（稽古場兼用）
年間雇用人数：65名
（俳優）：16名
（演出・舞台監督・スタッフ・制作・職員等）：49名
年間予算：2，700万SEK
政府助成金%：87%
公演収入%：13%
年間観客数：57，000人
'97演目数：8本

【市立】

劇場名：ストックホルム市立劇場
舞台数：7（＋1：スープ・シアター）
調査劇団名：ウンガ・クラーラ
創立（活動年数）：1975（23年）
ジャンル（主な仕事）：女性演出家スザンヌ・オステンをリーダーにしたグループ。若者向け。
舞台／客席：大／200席
小／100席
年間雇用人数：39名
（俳優）：12名
（演出・舞台監督・スタッフ・制作・職員等）：27名
年間予算：998万SEK
政府助成金%：89%
公演収入%：11%
年間観客数：24，000人
'97演目数：3本

劇場名：ストックホルム市立劇場
調査劇団名：ロンガ・ネーサン人形劇場
創立（活動年数）：1986（12年）
ジャンル（主な仕事）：インゲル・ヤルメルト・モリッツ率いる現代人形劇グループ。子供向け。大人向け。
舞台／客席：1／70〜80席
（稽古場）：兼用

年間雇用人数：8名
（俳優）：3名
（演出・舞台監督・スタッフ・制作・職員等）：5名
年間予算：190万SEK
政府助成金%：90%
公演収入%：10%
年間観客数：8，000人
'97演目数：4本

【自立】
劇場名：ペロー劇場（ペロース・テアテル）
舞台数：2
調査劇団名：テアテル・ペロー
創立（活動年数）：1983（15年）
ジャンル（主な仕事）：演出家ペーター・エングクヴィスト等による自立グループ。子供向け、大人向け。
舞台／客席：大／120席　小／60席
年間雇用人数：24名
（俳優）：10名
（演出・舞台監督・スタッフ・制作・職員等）：14名
年間予算：450万SEK
政府助成金%：20%
公演収入%（旅収入）：80%（60%）
年間観客数　：38，000人
'97演目数：4本

劇場名：ピーコック劇場（テアテル・ポフォゲルン）
舞台数：1
調査劇団名：パントミーム・テアテルン
創立（活動年数）：1977（21年）
ジャンル（主な仕事）：耳の不自由な人、難民の子供達も観客の対象にしたパントマイム専門グープ。
舞台／客席（稽古場）：1／80席（兼用）
年間雇用人数：8名
（俳優）：2名
（演出・舞台監督・スタッフ・制作・職員等）：6名
年間予算：160万SEK
政府助成金%：25%
公演収入%　：40〜60%
年間観客数　：6，000〜12，000人
'97演目数：2本

劇場名：ティテュート人形劇場
舞台数：1
調査劇団名：ティテュート人形劇場
創立（活動年数）：1977（21年）
ジャンル（主な仕事）：イング・マリ・ティレン代表の2歳から5歳の幼児のための人形劇グループ。
舞台／客席（稽古場）：1／90名（兼用）
年間雇用人数：10名
（俳優）：7名
（演出・舞台監督・スタッフ・制作・職員等）：3名
年間予算：250万SEK
政府助成金%：20%
ストックホルム市より：18%
公演収入%：60%
年間観客数：13，674人
'97演目数：7本

【国立】
施設名：映画、テレビ、ラジオ、演劇人専門学校（ドラマティスカ・インスティテューテット）
創立（活動年数）：1973（25年）
ジャンル（主な仕事）：映画、TV、ラジオ、演劇人の専門家を育成する国立の養成カレッジ
舞台：1
（スタジオ）：3
年間雇用人数：60名　各コースの講師及び職員。
年間予算：5，000万SEK
政府助成金%：100%　※授業料なし。
年間生徒数：70名
コース：演出、照明、音響、舞台装置、衣裳、舞台技術、制作、メーキャップ、劇作

【演劇ユニオン／国際センター】
施設名：ITI・スウェーデン・センター（国

際演劇協会）
創立（活動年数）：1951（47年）
ジャンル（主な仕事）：スウェーデン演劇と国際交流のための公開機関。インフォメーション、会議等。（会員団体組織）
職員数：6名
年間予算：300万SEK
政府助成金%：50%

※1SEK（スウェーデン・クローナ）は、'97から'98当時、約16円から18円でした。

○以上の結果から、私が特にスウェーデンらしいと思えたのは、ここ最近の経済危機、低迷の中でさえ、〈国立、地方立、市立〉の劇場運営においては、年間総予算の70〜90パーセントが政府等からの助成金であり、〈自立〉の劇団も20〜25パーセントはこれに負っている事。

○どのアンサンブルも専用の劇場空間を有するのが基本で、ほとんどが本番用舞台と稽古場を兼ねる事が出来、観客は芸術的レベルの高い舞台を低い入場料で観劇出来、レパートリー・システム、あるいはロング・ランで長期公演が可能である点。

○また〈公立、自立〉を越えて子供のための劇を重要としており、そのジャンルも極めて多彩、豊富である事。

○「I－T－I」等の組織活動は勿論、スタッフの教育施設も〝授業料なし〟の国の運営によるものが、70年代には創設されている事など。

○次に〈調査結果まとめ〉では、各劇場の公演・稽古とスタッフの契約・収入・保障等、スタッフ編成、舞台監督の責任範囲についてまとめ、私が三年前（'95）に担当した「文学座アトリエ公演」の場合と比較検討出来るように併記した。

（〈調査結果まとめ〉（154〜155ページ参照）

○以上の結果から、特徴的なものを幾つか拾うなら、スウェーデンの演劇人、スタッフは、「一般人同様朝九時から夕方五時までの間稽古し、週二日は休み、契約書に従い、月給に加え残業手当を得ている」事。また「舞台監督（スウェーデン語でinspicient）の責任範囲はアンサンブルによって異なり、不統一で、しかも狭く、音響や照明オペレーターと兼任するケースも多く見られる程で、舞台予算の管理、大道具や衣装製作などの交渉は、通常は制作者、技術監督、プロダクション・マネージャーという立場が背負い、現場作業の責任も舞台監督と「ステージ・マスター」（scenmästare）という役割の人が分け合っている」場合が多く目立った。

〈考察・研修成果としてのヒント〉

○〈写真資料〉（誌上写真展）からも窺えるかと思うが、公共施設の豊かさに対し、自立劇団用の劇場は元映画館を改装したもの等、何より質実であるのが目立った。公金の流れが明朗である故に市民も我慢して社会へ〝投資〟し続ける、というスウェーデン型システムが定着しているからか、一方で無駄な金は一切使わない、という一般市民の姿勢は、幾つかの劇団では「舞台監督を必要としない」という現実として貫かれ、日本であれば舞台監督が一人で負っている現場責任の数々も「皆して分け合っている」という皮肉な解答まで得た。

○とは言え、舞台監督、技術監督として働く5人の方への「舞台監督は技術者であり、芸術家でもあると思うか?」という私の質問に対しては、「勿論両者」と全員が答えており、また「舞台監督として喜びを感じるのはどんな時か?」という最後の質問に対しては「チームの一員であると感じるられる時」という言葉が返ってくるなど、スウェーデンの舞台監督は重い責任を独りで背負う〝孤立感〟からは解放され、創造的現場の進行にのみ集中出来ている事―が確認出来た。

○今回の研修成果の第一は、これらの具体的な〈調査結果資料〉を出来るだけ多くの関係者の方々の目に触れるかたちで提供し、今後のためのヒントとして検討、活用して頂くことだ、と考えるが、私個人として、今回の研修で様々な材料から得た最も重要なヒントとして、「舞台監督協会」（現「日本舞台監督協会」）の今後に関するある提案をこの場でも申し上げておきたいと思う。

○―近い将来、ユニオン結成こそが職場環境改善の推進力として必要不可欠と思うが、協会は「舞台監督」の役割の確立や責任範囲の明確化に当面固執せず、むしろ「役者」に対して「裏方」と云い得る様に、舞台創造に関わる全ての技術人、つまり舞台スタッフ、劇場管理者、衣裳、かつら、大道具、小道具、小道具の製作者、職人も含めた総称（例えば、「舞台技術者」の様な）―その〝職業名〟の認定確保を目指しながら、広範囲な組織化を構想し、取り組んではいかがだろうか。

○―更に、スウェーデンではこの九月の国民総選挙においても、80％を越す投票率であった程、政治参加の進んだ国だが、そのスウェーデンの演劇界ですら、演劇人の組合の力の弱さを指摘する声を聞いた一方、組合活動に直接従事する人達は極めて少なかった。この現状を見ても、従来の個人会員から理事を選出し運営する組織構成よりも、劇団、スタッフ・カンパニー、劇場などを単位とした〈サークル加入制〉を基本とし、〈サークル代表者〉が「サークル会費」を徴収し納入する責任を負い、〈代表者たちの代表者〉により「理事会」が構成されるような、新たなシステムの確立の可能性を追求してはいかがだろうか。

〈最後に〉

○今回、世界的な不況と我が国の深刻な経済危機の中、ほぼ一年間、スウェーデンの人々の堅実な生活ぶりに接し、この研修制度の有り難さを身にしみて感謝する毎日でした。私の受け入れ先の「ペロー・シアター」始め、スウェーデンの演劇界の方々が、私の研修に対し極めて暖かく協力的であり、調査に対しても親切、熱心に、誠実に答えて下さり、多くの方から我が国の文化芸術の発展と交流の促進を願うメッセージを頂き、何より第一にその事を御報告するものです。

○スウェーデンの演劇は、言語からして作品を海外に対し売り出す程〝産業化〟し難い条件はあるものの、自国の文化芸術に対して国家が率先して育成する歴史的な姿勢から、イングマル・ベリィマンのような世界的芸術家を輩出する一方、リンドグレンの作品を筆頭にした子供向け劇の充実や、自然保護運動、知的障害者の知能開発のための演劇まで存在する等、単なる芸術分野、娯楽の域に留まらず、高度の社会福祉、文化的生活と多様密接に結び付いており、今回の研修体験を基礎とし、私も持続的にスウェーデンから学び続け、我々自身が生活と仕事の環境をどう変革せねばならないか、地道に追求して行きたい所存です。

○この場を御借りし、文化庁長官をはじめ文化庁の方々、「舞台監督協会」の皆さんは勿論、ご推薦、激励を頂いた演劇関係者の皆様に心より御礼申し上げる次第です。

（1998年10月提出「研修報告書」による）

市立		自立		日本
ストックホルム市立劇場（シュタッツテアテルン）		ペロー劇場（ペローステアテル）	ピーコック劇場（テアテルポフィゲルン）	文学座アトリエ
ウンガ・クラーラ	ロンガ・ネーサン人形劇場	テアテル・ペロー	パントミーム・テアテルン	劇団文学座
「かもめ」	「天使のキャンディ」	「ベルジューレット」	「完全なペルニーラ」	「ザ・ボーイズ」
'97.9〜98.4/25	98.1/24〜4/26	97.10/4〜12/13	98.1/10〜' 99.4/30	95.5/26〜6/4
約130回	105回	38回		12回
—	—	7回	150回	—
63日（1日）/（57日／5日）	60日（1日）/（10週／1週）	10週間（なし）/（10週）	10週間（—）/（／5日）	36日（8日）/（21日／7日）
毎週土曜	日曜、月曜	毎週土、日	毎週土、日	4日
6.5時間	6時間	6時間	8時間	6〜7時間
10時〜17時または15時〜22時	10時〜16時	10時〜17時	9時〜17時	13時〜19時または20時
30分	45分	60分	60分	40分
ラルス・アップルクヴィスト	トーマス・フローヘッド	ペーター・エンクヴィスト	ブー・W・リンドストレム	遠州　雅樹（本人）
舞台監督、音響オペレーター	舞台監督、音響オペレーター 照明オペレーター	演出	俳優	舞台監督
有り	有り			無し
月給	月給			ステージ・ギャラ
（舞台監督料）／（残業手当）	（無し）／（残業手当て）			（舞台監督料）／（稽古手当て）
有り／無し／有り	無し／—／—			組合がない／—／無し
公／公／公 65歳 月給の70%位	公／公／公 62歳 2万SEK			劇団加入の民間／芸能人健保／国民年金
25日／無し／無し	6週間／無し／無し			特に無し／無し／年末追加出演料
1名※音響オペが兼任	1名※音響兼照明が兼任			1名
		1名		
1名		1名		
1名				1名
				1名
1名				1名
1名		1名		
1名	1名			
1名				
		1名		1名
4名				1名
		※別チーム扱いで確認せず	1名	※別チーム扱いとする
※別チーム扱いで確認せず		※別チーム扱いで確認せず	※音響オペレーターが兼任	※別チーム扱いとする
1名				
※床山が兼任				
12名	2名	4名	1名	6名
制作	舞台監督	プロダクション・マネージャー、演出	全員	演出助手
制作	※各人直接交渉	技術監督、プロダクション・マネージャー、演出	各自	舞台監督
制作	制作	プロダクション・マネージャー、演出	制作	舞台監督
制作	舞台監督、ステージ・マスター	プロダクション・マネージャー、演出	制作	舞台監督
制作	舞台監督、ステージ・マスター	演出	制作、出演者	舞台監督
制作	舞台監督	※必要なし	※必要なし	舞台監督
保守主任	ステージ・マスター	技術監督	劇団代表者	舞台監督
保守主任	ステージ・マスター	技術監督	劇団代表者	舞台監督
舞台監督	舞台監督	演出	演出	舞台監督
舞台監督	舞台監督	制作	制作	舞台監督
制作	舞台監督	プロダクション・マネージャー	演出	舞台監督
舞台監督	舞台監督	なし		舞台監督
	舞台監督	俳優	制作	舞台監督チーフ助手
舞台監督、ステージ・マスター	演出	演出・技術監督	演出	舞台監督チーフ助手
		俳優・スタッフ	スタッフ	舞台監督チーフ助手

〈調査結果まとめ〉 稽古・公演／スタッフの契約・収入・保障内容／スタッフの編成・舞台監督の責任範囲

劇場・施設名		国立		地方立
		王立ドラマ劇場（ドラマーテン）	国立巡業劇場（リクステアテルン）	BK地方立劇場（レジョンテアテルン）
劇団名			ウンガ・リクス	
公演名		「桜の園」	「小さな紳士の物語」	「アンネ・フランク」
（期間）		'97. 9/13～' 98. 4/22	' 94～' 97	98.3/11～5/31
ステージ数		約60回	—	10回
（旅公演）		なし	300日	55回
稽古日数（本読み）／（立ち・通し）		57日（1日）／（48日／8日）	約60日（1日）／（50日／5～10日）	28日（7日～8日）/（13～14日／7日）
休日		毎週土、日	週二日	毎週土、日
稽古時間		8時間	6時間	8時間
（時間帯）		10時～15時及び18時～20時	9時～16時	9時～17時
食事時間		30分	60分	60分
〈インタビュー解答者〉		ステン・スヴェンソン	オーレ・スコーグ	エリック・アンデション
担当		舞台監督	技術監督、舞台監督	技術監督
契約書の有無		有り	有り	有り
収入形式		月給	月給	月給
（特別手当て）／（他の手当て）		（舞台監督料）／（残業手当て）	（プラン料）／（残業手当て）	（無し）／（無し）
組合加入／組合活動／最低賃金規定		有り／無し／有り	有り／無し／無し	有り／無し／無し
労災保険／健康保険／年金 年金支給年齢 年金月額		公／公／公、私 65歳	公／公、私／公、私 65歳、55歳 1万SEK 、5,000SEK	公／公／公 65歳 16,000SEK
夏期休暇日数／サマーハウス／ボーナス		40日／有り／年1回	30日／無し／無し	25日（年30日）／無し／無し
〈スタッフ編成〉	舞台監督	1名	1名	2名※音響、照明が兼任
	技術監督	1名	※舞台監督が兼任	1名
	プロダクション・マネージャー	1名	1名	1名
	演出助手	1名	1名	
	舞台監督助手	1名	1名	
	小道具主任	1名		1名
	衣装係	3名	1名	2名
	ステージ・マスター	1名		
	プロンプター	1名		
	小道具係	1名	1名	1名
	小道具製作	1名	1名	※小道具主任が兼任
	本番要員	2名	2名	（旅公演のみ2名）
	綱元係	2名		
	音響オペレーター）	※別チーム扱いで確認せず	※別チーム扱いで確認せず	
	照明オペレーター）	※別チーム扱いで確認せず	※別チーム扱いで確認せず	
	床山	1名		
	メーキャップ	1名		
	その他			
	合計	19名	9名	8名（旅公演10名）
〈作業の責任者〉	1. 稽古日程の作成	制作または舞台監督		制作
	2. チームスタッフの収入に関する交渉	公演管理補佐		※各人直接交渉
	3. 舞台製作予算の管理	制作	制作	技術監督
	4. 大道具製作所，衣装屋との交渉	制作	制作、舞台監督	※自分たちの劇場で作る
	5. プランナーとの打合わせ	制作	制作、舞台監督	技術監督
	6. 劇場管理人、舞台主任との打合わせ	ステージ・マスター	制作	技術監督
	7. 稽古、本番中の安全責任	舞台監督	舞台監督	技術監督
	8. 火気使用の安全管理	舞台監督	舞台監督	舞台監督
	9. 舞台稽古、公演の進行	舞台監督		演出
	10. 仕込みの人員を揃える	舞台監督	制作、舞台監督	制作
	11. 舞台稽古の日程の作成	舞台監督または演出助手	制作、舞台監督	制作
	12. 俳優にキューを出す	舞台監督	なし	なし
	13. 作業の担当者を選ぶ	ステージ・マスター	舞台監督	技術監督
	14. 舞台転換プランを作る	ステージ・マスター	舞台監督、演出	舞台監督
	15. 荷出しのリストを作る	ステージ・マスター	舞台監督、スタッフ	責任者なし

二十年後のあとがき

「スウェーデンの存在感、未来への鏡として」

毎年、秋から冬。特に自然災害、震災などで大きなダメージを受けた年ほど、ノーベル賞への期待が高まり、日本人受賞ともなれば、明るい話題、自信や希望をもたらす国として意識される。そのスウェーデンも、今年は「緩やかなコロナ対策」で世界的に注目されましたが、11月末には「ドイツの四倍もの感染死者数」と報じられ、独自の方針の転換、規制強化に踏み切る苦渋を味わっているようです。

そうしたスウェーデンらしい存在感。演劇情勢で言えば、私が研修で滞在した当時は、どうやら安定期のピークにあったらしく、ここ二十年程は、経済不況、政権交代で、文化予算も大きく後退を余儀なくされた、との事。然し、その苦難の時代にあって、演劇界の先駆的で、創造的で、ユニークな取り組みも報告されています。以下、その幾つかの例として。

・演劇界内の男女比率の問題への取り組み（2004）
・〝ミートゥー〟で映画・演劇界の女性たちが真っ先に声を上げた（2017）
・演劇連盟がHPTQ（日本で言うLGBT）の人達への協力、支持を宣言（2018）
・過去に両親に連れられ、イラン、イラク、シリアなどから移住してきた移民の第2世代が、スウェーデンを母国として育ち、公的な教育コースを経て演劇界に進出、若手の演出家、劇作家、俳優として才能を発揮し始めたこと（2006）
・著名な女性演出家スザンヌ・オステンの発案で、0歳児に芝居（「ベビードラマ」）を創り観せる取り組み（2005）

・イエーテボリ市立劇場のバッカ・テアテルが、保育園、小学校、中学、高校を回り、児童に質問調査した結果を元に、現代版の『罪と罰』として、大人向け、11歳以上向け、11歳以下の子供向けの年代別の3部作を創り、二年に一度開催されるテアテルビエンナーレ（演劇連盟とＩＴＩの共催）で圧倒的な支持を得た（２００９）など。
――いずれもＩＴＩ（国際演劇協会）発行『演劇年鑑』掲載――（ストックホルム在住スウェーデン演劇研究、翻訳家、劇団民藝所属俳優小牧游氏による）

さて、このコロナ禍で、我が国の演劇界も国、行政の支えを求めざるを得ない、未曾有の危機に立たされ、休業、労災、失業補償といった点で、政治と演劇業界との、普段の距離について考えさせられた次第です。この問題では、二十年前のスウェーデンでは、以下のような報告も拾い出せたのでしたが。

「ある契約が終わってフリーになったときには、向こう一年の間、充分な失業保険が受給され、その一年の間にゆっくりと次の仕事を探せば良い。」（２００１　小牧游）

その失業手当も、その後の経済不況、政権交代で、数年後には大きく削減されてしまうのですが。ただ少なくとも、文化政策において、演劇の社会的地位が本来的に高く、国、行政と演劇業界との距離が、極めて近いことが伺えます。

そこで私も日本に置き換え、考えてみるのですが、どうも国という規模で、演劇人の労災補償、失業補償まで公の予算に含めるような、高負担、高福祉のスウェーデンモデルへの転換となると、そこへたどり着くまでのビジョン、プロセスを想像することすら困難に思えて来ます。

その点、ここ二十年間生活してきた札幌市と市内の劇場、劇団との距離感であれば、具体的に捉えられ、私なりに展望出来る気がします。

・「創造性が最も発露される分野である文化芸術がまちの至るところまで浸透し、多方面での創造的な活動に結びつき、人々の交流を創出していくことで「創造性めぐるまち さっぽろ」を目指すことをテーマに掲げました。」―「札幌市文化芸術基本条例」（２０１７改正）に基づく「札幌市文化芸術基本計画（第３期・２０１９～２０２３）」より―

そのテーマの実現に向けた振興施策の一つとして、市内の演劇界には「さっぽろアートステージ」と「札幌演劇シーズン」の二つの文化芸術イベントの開催が定められています。

この「さっぽろアートステージ」、「札幌演劇シーズン」ですが、札幌市内にある公立、私立の10の劇場による「劇場連絡会」が制作主体となり、毎年11月の一ヶ月間開催となる「ＴＧＲ札幌劇場祭」（２００５スタート）で参加劇団を募り、大賞（賞金20万円）を目指し、演劇、人形劇、オペラなど多ジャンルの参加団体が競い合い、特に最近は、若手劇団の登竜門として定着しています。また、その「ＴＧＲ」の成果、定着を受け、２０１２から「札幌演劇シーズン」がスタート。「ＴＧＲ」などで生まれた優れた演劇作品に再演の機会を与え、「札幌ならではの資源として、演劇の持つ力で札幌の街をさらに活力あふれる街に変えていく―。」そんなことを目指している取り組みとして、夏と冬、約一ヶ月間、選ばれた四、五の劇団の公演が、市内の劇場で7～10ステージ程度上演されています。

こうした札幌市と公立、民間の各劇場、市民による様々な劇団との関係性から、例えば常呂町にとってのカーリングのように、市にとって文化芸術の存在、発展が欠かせない、共助のような関係を構築することが、最も現実的で健全な道筋のように私には思えます。

最後に、話題をスウェーデンに戻すと、帰国後二十年を過ぎた現在も、やはり憧れの国として、その存在感は増す一方です。最近では、NHKBSの『国際報道』でも、スウェーデンが「SDGs」達成度第1位の国であること。スウェーデン国内で、自然環境保護の取り組みとして「アップサイクル」（循環型ビジネス）がスタートした、とのニュースが伝えられました。国内14ヶ所に設けられた専用のショッピングモールに、市民たちが使い古しの家具、生活用品を持ち込み、それをあらたな製品として商品化するビジネスで、今後の国の成長の柱にしようというもの。（そのビジネスに、組み立て式家具でグローバル企業となった「IKEA」も参入した、とのことです。）また環境保護活動家として昨年世界的に脚光を浴びたグレタ・トゥンベリィさんが、「パリ協定」から五年経過した現状について、SNSを通じ痛烈に批判、警告のコメントを発表した、など。（グレタさんの傑出した行動力、意志強固さは、どういう土壌から育ったのか、と想像してみる時、私は二十年前にスウェーデンで観た人形劇、児童劇のちっちゃなヒーロー、ヒロインを思い出します。当時90歳の誕生日を迎えたアストリッド・リンドグレーンの『長くつ下のピッピ』の子孫のような、オテンバで、ヤンチャで、破天荒ながら、冒険やら事件での活躍を通じ、何がしかの成長のきっかけを得て、そのまだ幼い姿の未来に可能性や希望を感じさせる、そんな姿が共通してあったからです。）

ともあれ、スウェーデンを未来への鏡として我が国の姿を映し見、未だ実現、定着困難な選択的夫婦別姓、男性の育児休暇取得、女性議員の少なさ等々、憧れの国から謙虚に学ぶことで、ヒントを得、前進するよう、願いを募らせる今日この頃です。

（2020師走）

二十年後のあとがき　追記

ＩＴＩ発行「国際演劇年鑑２０２１」に、本書にとって注目すべき報告がありましたので、以下に概要のみまとめ、お知らせします。

○２０２０年1月から8月末期間。コロナ禍によりスウェーデン全土でキャンセルとなった演劇、オペラなど76プロダクションに対して、スウェーデン政府がどう反応し、対策を行ったか。

○３月　10億クローネ（約１２０億円）を、スポーツと文化関係に援助金として拠出すると発表。

○５月　５億クローネ（約60億円）を文化関係の主要な4団体に、イベント、プロダクションの損失補填として援助すると発表。

○８月　追加援助として25億クローネ（約３００億円）をスポーツと文化に計上すると発表。

「以上の膨大な補助金の数字を見ただけでも、この国の政府が、文化やスポーツが、国民にとって、またそこで働く人々にとって、どれほど大切なものなのかを理解しているのか、よく分かる。」

（「コロナ禍のスウェーデン演劇界―困難な状況に立ち向かう人々に拍手を―　小牧游」より）

以上。文化芸術、またそこで働く人々の仕事が、本来「不要不急」なものではなく、必要不可欠な分野であるべき、―と国側が理解し捉えている好例として、引用をさせて頂きました。

（２０２１　初夏）

JUMP

STEP

HOP

白っぽいラブラブ

SIDE A　大倉山ロマン

SIDE B　遠距離ボレロ

我がパートナーへ

SIDE A　大倉山ロマン

Ⅰ　1999 冬

M

新千歳空港から札幌へ向かう列車の窓にもたれ、僕は暮れて行く時間の流れに身を任せた。…ビルの数が増え、都会らしい景色に変わり。曇ったガラス越しに眺めると、街灯から放つ光の輪が、綿毛のタンポポのように見え、幾つも通り過ぎた。

―札幌駅の北口で、6時に。

僕は覚悟を決め、駅舎への入り口に立って、雪の路上を往き交う人や車の中から、その瞬間が訪れるのを待った…。そして程なく、一台の黒い軽ワゴン車が目の前に停まり、運転席から僕の方へ、君がコクッと首をかしげた。

一年半ぶりとは言っても、二人切りで会うというのは、初めて…。増してまだ友達と呼べる間柄ですら無い…。僕は無謀に近い今回の行動には、常識も理性すらもないのだ、と苦笑いしながら、ただ直観と決意が命ずるまま、この北の大地へ乗り込んだのだ…。

「お久しぶりです。」

「札幌はやはり、寒いですか?」

君の車の後部席と運転席とで、軽い挨拶と雑談を交わしながら、僕は先ず大通り公園沿いにあるKホテルのフロントに荷物を預け、今度こそ君の案内に従った…。

ジャンボな駐車場に車を停め、通りを渡った雑居ビルにある居酒屋『Y』へ―。君が選んだお店の窓際の席に、向い合せで坐った。

「何になさいます?」と君がメニューを開き尋ね「ビールかな」と僕は応え、
待っていた店員に「生を二つ」と君がオーダーした。

「飲めるんですか?」と聞くと、

「帰りは、娘に送って貰います。」と君。

「娘さん?…ああ。勿論僕は、タクシーで帰ります。」

「それではタクシーをご一緒して、お見送りしてから、娘に拾って貰います。」

「それはグッドアイデア…」

そこへビールが届き、よく凍ったジョッキをカチンと合わせ、乾杯をした。

―眼下には北国の繁華街。年明けをしたせいか、あわただしさよりも、何かのろのろした動きに映り、時折、市電が往き来している。

サーモンやぼたんエビ、と言った肴を味わいながら、

…僕は箸を止め、脳裏に急展開で、今夜の本題を駆け巡らせた。


…去年の8月、北欧スウェーデンでの三五〇日間の在外研修を終え、あとひと月程で帰国しなくてはならない、という日の午後―。

僕はストックホルムのメーラレン湖に架かるヴェステル・ブロン(西の橋)のたもと。広大な芝が広がる公園の一角の、お気に入りの野外カフェのベンチに坐り、アーチ状の美しい橋桁、対岸のH教会の二つの尖塔を眺め、今度の行動に至る決心を固めたのだった。

「…ほぼ一年、スウェーデンの人達と関わって、改めて気がついたのですが。私の妻は—とか、子供は—とか、身近な家族の話題を出せないというのは、思った以上にきついものだ、と。で、帰国したらすぐ、長年の「独身貴族」に終止符を打とう、と—。

…それで僕は、いちばん自分にとって可能性のある方にアタックしよう、そう決心して。」

—君は意外な切出しと感じたらしく、少し目を伏せ、それでも僕の話を黙って聞き入れてくれた。

「…二年半前に、モダンダンスの公演で舞台をご一緒して以来、東京の住まいにも、留学先にも、時々お手紙やらハガキやら、ささやかなプレゼントやらを頂きました。何か特別な好意を寄せて下さっている、と感じていました。で、もし良かったら、これから先、僕のパートナーになって下さらないかと—」

言葉のギクシャクは別にして、今度の事は、一球勝負、然も直球しか選択は無かった。

…ストレートにはストレートで。実際、君の手紙も、ハガキも、率直以外には無かった。…帰国後、君は「おかえりなさい！」というＦＡＸを寄せてくれたのだが、その最後には「美味しいお酒を一緒に飲める日が、きっと来ると願っています！」とあった。—そうした君の言葉が、直観に響いたに違いなかった。

「…十日前に東京からお電話を頂いた時は、何かのお仕事のついでに誘って下さったのだ、とばかり思っていました。」

ほんのり紅潮した頬で、君はやわらかく話し始め、それから背筋を伸ばし、続けた。

「…夫を亡くした後、何人か、男性からプロポーズされました。でも皆さん「結婚」というかたちに拘り、結局はお断りしました。

…お付き合いしてみなければ判らないし、条件という訳でも無いのですけど。私は、亡くなったパパ（夫）以外の男性と、子どもを持つことは出来ません。―男性なら、五十歳前であれば、まだお子さんが持てるし、もしそう願っているのなら、私よりも若い女性の方がふさわしいように思います…」

「…なる程。田舎の父にも、毎年正月に帰る度、今年こそはいいお嫁さんを連れてきて下さい、と言われます。僕は毎回、努力します、と答えて、二十年は過ぎましたが…」

君の素直な正論が、クリーンヒットのように側をすり抜け、僕はそれ以上返せなかった。

…戦意喪失というか、肩の力が抜けてしまい、君から何らかの回答を得る勝負は、消えてしまった。頭の中には、―「パートナー」とは、そもそもどういう関係を求めるのか、との問いが植えつけられ、グルグル回り出してはいた筈だが…。

仙台の父を喜ばせるような「結婚」―、両親に孫の顔を見せたいのか、―それとも、恋人同志の同居にでも落ち着けば、達成なのか…

…だが本題にはもう触れず、僕はビールから日本酒に切り替え、劇団や北欧のこと、君もダンスや仕事、家族のことを話し、和んだ。

雪が降り始める中、店を出、通りでタクシーに乗ると、後部席で隣り合わせた君は、

「ご旅行の日程に合わせて、明日と明後日は仕事を空けてあります。私の車でご案内しますので、何処か行きたい処があれば―」

と提案してくれた。

「判りました。何処へ行きたいか、考えておきます。」

―明日は午前11時に、Kホテルのロビーで。

…僕は独りタクシーを降り、君に手を振って別れた。それからKホテルの部屋に入り、

「勝負なし」とベッドにバタリ、倒れ込んだ。

H

娘が運転する愛車の後部席で、私は目をつぶり、窓の方に顔を向けていた。…瞼にネオンやらライトやら、時折光の刺激が通り過ぎるのに合わせ、私は貴方との出会い、そして今夜まで、ここ何年かの場面、場面がチラチラ走馬灯のように巡るのを楽しんだ。

…最初の出会い。それは二年半前、秋分の日の午後。…琴似にある区民センターのホール。芸術祭参加作品の公演に向けた稽古に、貴方は東京から駆けつけ、私達に挨拶するなり、床面の寸法を取り始めた―。私は先生から呼ばれ、「お手伝いなさい」と言われるまま、貴方が舞台の図面と見比べながら、這うように伸ばして行く巻尺《メジャー》の端を、ずらさないよう指で押さえる役になった。「どうも…」と貴方は、私を気にかけるでもなく、テープで床面に印をつけ、繰り返したが。私には何か、蝶が停まった時のような、一瞬の感覚が残った…。

…それから半月後、私は銀座S劇場の舞台に立った。楽屋入りしてすぐ、舞台監督の貴方は私たちを客席に集め

「…この三日間キツイですが、日程表の時間どおり進めます」と厳しい口調で言った。…事実、一日目夜の段取り稽古、二日目午後の通し稽古、夜には本番初日という日程は、身体の状態、心の状態を整えるのに手いっぱい―それでも私たちを時間どおり舞台袖に呼び「始めますよ。いいですか。」と容赦なく告げる貴方。私たちは「はい」と声を揃え応えながら、心の中では「鬼」「悪魔」と叫んでいるような具合だった。

…けれども本番初日。黒い紗幕緞帳を透かして照明が入り、スモークが焚かれた舞台奥から、心臓の鼓動のような音楽と共に、オホーツク沿岸の酷寒の村へ押し寄せる流氷となって、群を踊る私たちは、過去に体験したことの無いスタッフワークに見守られた。舞台袖に退場する時には、上手と下手に一人ずつ控えている貴方の助手が、私たちの足元をペンライトで必ず照らしてくれた。その上舞台袖にはパンチカーペットが敷かれ、素足で踊る私たちに無言のエールをくれた…。

…休憩後の幕開き。老いてなお異国の故郷に残した男への思いを募らせうずくまる女―舞台上手に板付きし、ヒロインを舞う先生にサス明りが入り、音楽のシャーンというタッチ、先生の微妙なアクションと同時に黒紗幕が飛ぶ―。そのきっかけをインカムで照明オペや綱元へ伝えるのに、貴方は下手袖から舞台ギリギリまで出て来て、まるでカーリングのストーンを放るような低い姿勢で、舞台上の先生の動きを捉えようとしていたっけ…。

そうして札幌なら一度しかない本番を、東京では二度踊る事が出来た幸福感。…三日目、体育の日の夜。無事公演を終え、大盛り上がりの打ち上げ、そして二次会。…カラオケで拓郎の『シンシア』を唄った貴方。帰り路を一人、JR有楽町駅へ向かう足早な貴方を、私は若先生と二人追いかけ、捉まえた―。挟むように歩きながら「貰って戴きなさい」と若先生が煽り、私は貴方と腕を組み歩いた…。

…S劇場での公演は成功。作品は、芸術祭の優秀賞を受賞した。—翌年の年賀状に貴方への御礼、結びに「お便りを下さい」と書くと、貴方から封書の返事が。中には一枚のポストカード—一羽のペンギンが氷の海原を見つめている写真。可愛くも凛とした立ち姿、眼差しの先には何が見えているのかしら…。

…私は貴方に手紙を書き始め、札幌での受賞パーティーの集合写真を同封したり、「名前と顔が一致しますか?」と尋ねたりした。

…97年の8月。貴方が研修地のスウェーデンへ旅立つ一ケ月前。私は東京芝公園Mホールでの舞踊フェスティバルで、小作品を踊るメンバーになり、先生、若先生等と舞台に立った。…その夜、打ち上げの後、年配の親しい何人かに貴方も加わり、私たちが宿泊するホテルの一室に集って、遅くまで飲み会となった。「明日は仕事が早いんで…」と、一時近く貴方が立上がったので、「お送りします」と私も席を立ち、二人切りでエレベーターを降り、私は入口に立って手を振り、貴方が見えなくなるまで見送った…

…そして今夜。…私は考えに沈むのを止め、ローソクをフッと吹き消すように、息をついた。

昨夜降った雪で、大通り公園の木々も化粧をし、枝がキラキラと眩しい。朝食後、Kホテル2階の店で、僕はダイアリーを開き、昨晩の君への申し出、君からの返事について、あらためて考え直した。すると忽ち—パートナーとは? という定義を問われ、胸の奥の引っ掛かりが、またチクンと蘇った。それでもふと目を上げ、今朝の晴れ渡り澄み切った景色を眺めると、何となく慰められ、諦めに似たタメ息と共に、

—今日と明日は、とにかく楽しもう。

そんな吹っ切れた気分に満たされた。


—約束の11時。

フェースタオルとガイドブックを詰めたショルダーバッグを抱え、ロビーのソファに坐り待っていると、フロントの従業員が駆け寄り「お電話が入っています。」と呼びかけた。カウンターで受話器を受け取ると「おはようございます。」と君。—大通り公園沿いの歩道に車を横付けしているので、お待ちしています、と。—話し終え、「ああ、携帯電話か…」と気づいた。

僕は解《ほぐ》れた気分で、従業員に礼を言い、部屋のキーを渡し、急ぎ足でホテルを出た。

君の車に近づくと、君は中から助手席を指さして、隣に坐るよう促した。僕は前のドアを開け、「おはようございます。」—まるで稽古場か劇場の楽屋へでも入る時のような調子で言うと「どうぞ。」と、君は微笑んだ。

「失礼します。」

僕は、ピンと引き締まった外気をドアごと吸い込むように、初めて助手席に坐った。

「行きたい処は、決まりました?」

「ええ。支笏湖畔のM温泉で、どうでしょう?」

「支笏湖、いいですね。M温泉なら、私もお気に入りかも—」

僕は、カチャンとシートベルトを掛け、君は楽しそうにエンジンをふかし、これから先どうなるとも判らない、君とのドライブがスタートした…。


何処までも真っ直ぐな札幌市内の路を走り、大きな橋を渡り、芸術の森の前を通る頃まで、僕は

M温泉に纏わるエピソードを打ち明けた。

—十二年前。劇団の旅公演で、帯広から函館への移動日を利用して、先輩の舞台監督、若手の外部スタッフ二人、僕との男四人して、千歳空港駅前からタクシーでM温泉に行った。12月の半ばだったが、露天風呂は半日貸切状態、天気もよく、温泉に浸かっては、岩場から身を乗り出すと、一面の支笏湖—こっそり日本酒の一升瓶を持ち込んでいたので、湯呑み茶碗で飲みながら出たり入ったり、素っ裸の男四人がワイワイ大ハシャギ…—結局昼過ぎから5時近くまでいた。

「…それで面白かったのは、若いスタッフの一人が、突然湖の向こうに向かって、彼女の名前を叫びだしたんですよ。」

「まあ…」

「どうも別れたか、ふられたかしたらしい。とにかく、その子の名前を湖に向かって何度も…」

「青春映画ですね—」

—然もその彼が、旅公演が始まってすぐの本番で、大変なトチリをしていた事を話すと、

「彼女との事が、影響していたんでしょうか?」と君—。

「どうでしょう…。でもそういう二か月のきつい長旅が、もうすぐ終わる頃になって、M温泉は相当癒しになったんでしょうね。」

—その彼が、今だに裏方としてやり続けているのを伝えると、

「じゃ、M温泉のお蔭で乗り越えたんですね…」と、君は妙に感心し、僕も盛んに頷いた。

山間の路に入り、前方に大きく空が開けた処へ来ると、「ああ…」と君は軽く声を上げ、

「あの雲…」と言って、話し始めた。

「…末の娘がまだ小学生の頃、マンションのベランダから落ちて、命に係わる大けがを負った事が

あったんです。…手術が終わり、娘の無事を病室で確認するまで、私は亡くなったパパ（夫）に、

—御願いだから連れて行かないで！　と、何度も祈り叫んでいました。

—幸い末娘は、傷あとも残らず、もう今年の春には、高校生になりますけど…」

「…ああ。手紙に貼ってあったプリクラの、ツーショットの娘さんですね—」

「ええ。…その時、娘が入院していた病室に、娘よりも少し年下で、不治の病を抱えていた子が同室してたんです。—私が病室の雰囲気を何とか明るくしたいと思って、二人に絵本を読んで聞かせたりして、その子は私達に本当に慣れ親しんでくれた…。—その子が、娘が退院してしばらくして、亡くなったという知らせを受けて。その日、悲しい気持ちで、娘と二人、車で走っていた時、空の雲のかたちが、掌のように見えて…。私達にサヨナラをしているみたいに見えたんです…」

—話を聞きながら、日を浴びている雲の膨らみを眺め、初めて君の心に触れた気がした。


午後1時にM温泉に到着し、僕は君と時間を決め、男湯と女湯へ別れた。…懐かしい露天風呂の他にも、湖に向かって木のデッキが広く迫出したような、モダンな露天風呂も増えていて、月日の経つ速さを思った。

入浴後、もう3時近く。館内のレストランで遅い昼食をとり、君との会話で寛いだ。

「リニューアルして、雰囲気が変わりましたね。」

「…でも、昔からの露天風呂は、気持ちよかった。」

「…足元の砂利の下から、源泉が湧いてくる感触、いいですよね。」

お互い湯上りのふんわりした空気感で会話していると、ふと窓の向こうに、何やら動いているものが見えた。

「—キタキツネですね！」

「へえ…。」

ふさふさした尻尾を揺らしながら、雪の積もった湖畔をうろうろ、行ったり来たり―。

「エサを探しているのかな…」

「ええ…」

すっかり会話が曖昧になり、僕も君も、しばしキツネの動線を追い続けていた。

―自然界の生き物、うらやましい様な、でも大変そうな…。生命への愛着、冬の厳しさ…。胸の中に、何かを感じ、思い巡らしたような時間が流れた。

「…あのキツネ、家族はあるのかしら?」

「さあ…」

キツネが見えなくなり―

「もうちょっと、温泉に入りましょうか。」

「ええ。」

―僕と一緒に、君も立ち上がった。

新しい露天風呂、サウナと、昔ながらの露天風呂とを往き来する間《あいだ》、君が昨晩から話してくれた幾つかのエピソードが、ぽつん、ぽつんと頭に浮かんだ。…亡くなったご主人という方は、甲子園で活躍し、パリーグの某球団から、内野手としてドラフト指名されたプロ野球選手だったこと。…負傷して現役引退後にコーチをしていた時期に、君が親会社の命で球団に転勤した縁で出会い、「こんな派手な世界に居残ったのでは、まともな女性として生きていけない。」と説得され結婚。…三

人の子が出来、球界引退後の数年間は、あらたな生活の場を求め、やがて札幌へ移転。…着実なキャリアを積み始めた矢先、ご主人は不運にして癌を患う…。

昨晩までは、君がどんな人で、どう生きてきたのかも判らないまま、闇雲に唐突な申し出をした僕だったが…。何だろう？ ―君が話してくれたエピソードの幾つかが、一枚ずつの葉のように、印象深いものとなって僕の頭の中に置かれ、広がっているのも確かだ。僕はその葉の一枚一枚を、蔓のように繋ぎ始めている…。昨晩には予想しなかった、不思議な展開とでも言うか…。


日がだいぶ傾き、雲間から光の筋が湖面を照らしている。館内のラウンジで休憩し、君がマッサージチェアにもたれ、背筋や首筋の辺りを揉み解している時間―。何となく所在のない気持ちを抱え、僕は君の傍に坐っていた。―十二年前と変わらない、ゆったり暮れて行く支笏湖の景色を窓越しに眺め、それから、目を瞑り柔らかく口を結んだ君の横顔を見た。―この人と、僕との間には、一体どれ位の距離があるのか…。

少しすると、君はマッサージを終え、満足気に立って荷物を整え、僕に言った。

「よろしかったら、これから、小樽へ行きませんか？」

「小樽、ですか？…いいですよ。」

判断する間も、躊躇もなく、僕は従った。

………*H*

高速道路へ入ると、入日を追いかけるように、小樽へ向かった。私も貴方も、温泉のおかげで心身が解れ、会話が弾んだ。

「…サウナの中で、ふとある言葉を思い出したんです。―フランスのある作家が、小説の中で、こう書いてるんですが。―われわれの行為、人生というのは、それを一つだけ切り離そうとすると、無数の根がからみ合って引き裂くことも出来ない樹木に似ているのだ、と―。」

「樹木ですか…。何故、その言葉を思い出したのかしら―?」

「いや。…実際に、自分を説明しようとしたり、相手を知ろうとしたりすると、そうじゃないですか。」

「切《きり》がない感じ？　確かにそうですね…」

「…それを思ったら、昨晩の自分のことが、ふと可笑しくなって―。昨晩まで、貴方について、何ひとつ知らなかったのに…」

「ああ…」

照れ笑いする貴方と一緒に、思わず私も笑い、貴方が何かに思いを寄せているような間、私は「…無数の根がからみ合って…」という印象的な言葉を、胸の中で繰り返してみた。

ほとんど日が沈もうという頃、空の色合いを目にして、ある記憶が不意に蘇《よみがえ》った。その時の、息が詰まりそうな毎日の一瞬に味わった、何とも言えぬ感覚と景色について、今なら話せる、と思ったのか。私は努めてサバサバと、貴方に打ち明けていた―。

…夫が息を引き取るまでのひと月、病室と階下《した》の自販機を往復する時、灰色の暗い階段の途中にある小窓から、いつも日の沈みかけた空が見え、外へ出たい気持ちや叫びたい気持ちが、一瞬の輝きで炸裂しては、音もなく消え去るのを繰り返した…。

「…パパ（夫）の命が、あと半年持つかどうかだ、と宣告されて、それを私ひとり、本人にも、職場の人にも、子ども達にも隠し続けた―それも辛いことでした。でもいちばんきつかったのは、いよいよパパ（夫）が駄目そうだ、という時―内地から夫のご両親、兄姉を呼んでからでした。…自慢の息子が目の前で、若くして亡くなるのだから、冷静に振る舞えというのは、無理でしょうけど。

―夫への扱いが悪いとか、終いには、病気になったことすら嫁のせいになったり、…大変でした。パパ（夫）は、親兄姉に独占されてしまい…。私は、彼と二人切りになる時間も、とうとう持てなかった。―そんな風でした。」

―こんなことを、増してや男性に向けて打ち明けるなんて、不思議な気がする。

貴方は、私の想い出話を、じっと黙って聞き入れ、助手席で前を見据えたまま、やがて大きなため息と共に、こう返してくれた。

「…何と言っても、甲子園ですから。高校生でドラフト一位指名は、凄い。プロ野球選手と言えば、少年時代の憧れですから―」

暫し夫の生命を噛みしめる時間が、流れた。

海辺にあるレストランで、遅い夕食をとり、窓際のカウンター席で、隣合わせで語らった。暗い夜の海に、対岸の灯りや船の灯りが浮かび出るのを眺め、貴方は落ち着ついた口調で、静かに話し始めた。

「…ご主人を亡くされたことが、原点のように現在へ繋がっているとすると、僕にとっての原点というのは、二人の叔父が、相次いで亡くなったことでしょうか…」

―十人兄妹で長男の父親には、弟が五人いたが、若い二人の叔父には、幼い頃からよく遊んでもらい、可愛がられた…。四番目の叔父は、60年代には大手だった繊維会社に就職し、京都府内に家を建て住んだが、繊維不況の煽りで退職し、仙台へ戻っての事業計画も不調に終わり、愛知県内の企業に単身赴任で勤めたが、タイガースが日本一になった年の暮れに、くも膜下出血で急死した。更に悲惨だったのは、末の叔父で、四番目の叔父とは一歳違い。―大手の都市銀行の行員として、主に東京都内での勤務が多くなり、30代で神奈川県内に家を建て、働き者の奥さん、子供二人と、何の心配もない人生を送るもの、と皆思っていたが。四番目の叔父が亡くなり、3ヶ月にもならない2月に…。

「僕はちょうど、劇団の地方公演の最中で、その頃奈良に住んでいた兄の家に泊っていたのですが。その夜、先ず仙台の母から電話で知らせがあり、たまたま観ていたテレビのニュース番組でも、―神奈川県内で今朝、銀行員が列車に飛び込んだ、と報じられました。

その後、叔父の自宅での葬儀が始まる前に、親族では、自殺ではなく、極度に疲労、憔悴していた為に、朦朧とした状態でホームから足を踏みはずし、巻き込まれての事故死だった、との確認をし合ったのですが。…とにかく葬儀の間、一滴の涙も出ず、僕は畳の縁を睨みつけていた。多分大変な形相だったと思います。―忘れられないのは、通夜の晩遅くに、まだ若い叔母二人が語り合っていたこと。―たった3カ月の間で、同じ境遇で残されてしまうなんて、と…。隣室で寝入ったふりをしながら、そのやりとりが悲痛に胸を捉え、全身を固くし、耐える以外なかった。」

私は自分を落ち着かせるために、一度窓の向こうの暗い海に目をやり、それから貴方に、こう尋ねてみた。

「末の叔父様というのは、何故亡くなられたのかしら？」

「ええ。」

睫毛が瞬き、貴方は遠くを見据えるように続けた。

「…叔父が亡くなった年は、バブルが急激に膨らんだ時期でした。―後になって、バブル期に関するありとあらゆる雑誌や本を読んで解ったのですが。―当時の金融界というのは、株価の上昇や土地の高騰に任せて、無茶苦茶な貸付競争に暴走をしたんです。担保なしでもいいから、とにかく貸し付けろ。そういう非常識が当たり前になった。叔父は人一倍生真面目だったので、銀行マンとしての良心が傷つき、踏みにじられる現実に直面したはずなんです。ところが銀行には、厳格な守秘義務というのがあって、叔父は何処にも、誰にも訴えられず、家族にも黙して語らず、自分で自分を追い込むような悪循環になった…。勿論、すぐ上の叔父が亡くなったショックが、引き金のようになった気はしますが—。

—その後のバブル狂乱、崩壊後の転落ぶりは、説明するまでもないですが。

—僕も何度か乗りましたが、叔父が毎朝通った通勤列車の混み具合というのは、本当に異常としか言い様のない息苦しさだった。その列車が、叔父の死で、わずかな一瞬でもストップしたというのは、何か警告や叫びのようなものだった、と。僕には、むしろ鮮やかなものにすら思えるんです。…だって、誰もバブルの暴走を止められなかった。更には、転落にブレーキをかけるということも…」

声は潜めながらも、貴方の熱く、それでいて冷めた独特の思いが一点に集まり、私はただ受け止めながら、海の方をそっと見つめた。

まだ話し足らない感じがして、小樽運河沿いにある人気のレストランに入った。以前倉庫だったという天井や壁の趣き、黄色っぽい明りが、リラックスした雰囲気を与えてくれる。

コーヒーを飲みながら、貴方は少し照れたような含み笑いをたたえ、「…そろそろ本題を話さないといけませんね。」と

切り出した。

「…数年前に、劇団の経理の女性とトラックの運ちゃんとの結婚パーティー、というのが新宿であって、そこで居合わせた美術部の先輩が、僕の手相を見てやろう、ということになったんです。—まあ、その先輩曰く。僕は一人の女性に雁字搦《がんじがらめ》めにされる、というもので。」

「まあ…」

「—占いとか何とか、科学的な根拠の怪しいものは、信じることも、気にすることもしない…そういうつもりでいたのですが。…もうかれこれ十二、三年。付き合ってきた女性がいて…」

「…雁字搦《がんじがらめ》、だったんですか?」

「ええ、結果として…。最近よく『友達以上、恋人未満』とか言うじゃないですか。…僕は結婚を望み、彼女は望まないで来たんですが—ある一時《いっとき》だけ恋人のような時期があった切り。先へ進むでもなし、かと言って切るに切れず…。別の女性を求めようともしましたが、またふりだしに戻るような感じで、…彼女が現れ…」

—私は占いを見るのも含め、この手の相談事は得意としていた。無論、男性が相手というのは稀《まれ》だが—。

「—その彼女にとって、貴方は安全パイなのじゃありません?」

「安全パイ、ですか。」

貴方の素直な反応に、私は頷き、言葉を待った。

「…なる程。そういう何か、役割分担のような付き合い方も、女性にはあるんですね。」

深いタメ息を、高い天井の梁《はり》に届かせるように、貴方はポカンと中空《ちゅうくう》に目を送ったが—。

「太宰治の短編に出てくる、—赤い糸のナンチャッテ版みたいですね…。どんなに離れても切れない代わり、どんなに近くにいても、こんぐらかってほどけない…」

私は思わず笑いながら、―本当に切りたいのか、それとも続けたいのか、それが鍵《かぎ》なんだな、と口には出さず思った。

貴方は、不意に声の調子が変わり、

「…裏方の先輩で、ロープ解《ほど》きの名人のような人がいるんですよ。…長い旅公演に黒いロープを一巻《ひとまき》、丸ごとで持って行く事があるんですが。忙しいまま少しずつ引っ張り出して使ううちに、ロープがぐじゃぐじゃになって仕舞う。…そうするとその先輩が、楽屋の長い廊下を使って少しずつ、からまったロープを解いていく。ものの一、二時間位の間に解け、十字型の木の棒に丁寧に巻いて行くんです。―最初からそうするか、あるいは何メートルかずつの束にして、持って行けばいいだけの話なんですが…」

「例の彼女との糸は、スッキリ解けそうですか?」

「いや、もう切ったつもりではいるんです。」

それ切り、この話題は終えたい感じに見えた。

私は貴方について、―一人の女性をずっと何年でも、一途に思い続ける人なんだ、と判り、楽しくなった―。

1月にしては、平べったい雪が、ひらひら舞い降りている。もうだいぶ遅いのだが、私は貴方に我が儘《まま》を言って、小樽築港の倉庫が並んだ埠頭の片隅に、車を停めた。

過去の自分が過去に遠退いたことを、ふと確かめたくなったのだろうか。私は助手席の貴方に向け、目の前の海の方を見つめながら、打ち明けた。

―パパ（夫）が亡くなってから、私には空っぽな時期があり、冬でも構わず港のこの場所に車を飛ばしやって来て、ただボーッといつまでも、真っ黒な海を眺めていた。吹雪いて海面が激しく波立つような夜でも、―後から後から容赦なく雪の大群が押し寄せるのを眺め、自分が絶望の淵に落ち込んでいるのか、それともただ単にそうしていることが心地よいのか、判らずいつまでも坐っていた…。

　また、ある日には―。

「…仕事を終え、ホームに立ち地下鉄を待っていた時、―大丈夫、子ども達は、神奈川の実家にいる母が、必ず守ってくれるから…、と自分に言い聞かせている私がいて、そうした時に、私の様子に気づいた駅員さんが、―お姉さん、出過ぎてるよ、下がって下がって、と注意されてたりしていたんです…」

「…創作舞踊団へたどり着くまでに、大変な時期を越えてきたんですね…」

　気がつくと、フロントガラスを薄っすら雪が覆っていて、ワイパーでひと掃きした―。

「…そういう時期を乗り越える、何かきっかけはあったんですか？」

　貴方の問いかけに、私は再び前を見据えた。

「…直接のきっかけだったかどうかは、覚えていませんけど―ただ忘れられない出来事がありました。…その時期、相変わらず塞いだ状態でいた時期に、トイレ掃除のおばちゃんと出くわしたんです。顔見知りでもなく、話した訳でもなかったけど。おばちゃんは、演歌を唄いながら、それは楽しそうに仕事をしていた…。その時何か、とても私は救われたんです。―ああ、こんな風にも生きることが出来るんだ、って…」

　貴方は笑いながら、軽く身体を揺するように頷き、やがて―。

「…何となく、ダンスまで繋がりましたね。」

「そうなんですか？」

　もう零時近くに迫っていた。―これから貴方を大通りのＫホテルへ送って…。私は自分に先ず工…．ンジンをかけた。ＢＧＭを流してと—。

M

三日目の朝。少し早めにチェックアウトを済ませ、昨晩別れ際に約束した通り、９時半には君の車に同乗した。運よく最終日も青空が見え、君の誘いに従い、大倉山のジャンプ競技場へと向かった。

到着後、雪面がキラキラ眩しい着地点の側から、遥かにジャンプ台のスタート地点を見上げると、タイミングよく、若い選手が練習でスタートするところ。—君も僕も息を呑み、滑走、ジャンプ、着地までの、短いがワクワクする時間を味わった。—このジャンプの印象は、思いのほか、強い何ものかを与えたらしい。

「…じっと何か、考えた風でしたね。何か、ヒントでも浮かんだんですか?」

大倉山を後に、札幌市内を一望しながら下って行く車内で、君が興味深げに尋ねてきた。

「いえ。特に具体的に、何かを思い描いた訳ではないですけど…。まあ、ジャンプするって、自分にとっては、どういうことなんだろう…。そんな事を…」

—実際、スウェーデンでのほぼ一年に及ぶ在外研修を経て、僕には、根本的に生き方を変えたい、という、強い願望が宿っていた。今回君に、突然持ちかけた『プロポーズ大作戦』も、勿論そのひとつではあるのだが…。

「—目標、と言っていいんでしょうか。スウェーデンで得た大事なヒント、キーワードは『仕事と家庭のバランス』というものだったんですよ。」

「—仕事と、家庭…。そのキーワードと、目標と、どう結びつくのでしょう?」

「まあ、回りくどい話ではあるんですけど。

―僕は研修報告の目玉として、国立から民間までの主な劇場、劇団に所属する舞台監督、スタッフ、演出家や制作者など16人に、スウェーデンの演劇情勢に関するアンケート調査を実施したんですよ。…その方たちへの最後の質問で「貴方が演劇部門で活動してゆく上で最も重要な問題は何ですか?」と問いかけた。―『収入』『過労』『労災』『教育』といった、日本の舞台監督にも共通する課題を11個並べて、選らんでもらったんです。…その中で、実に7割の方が『仕事と家庭のバランス』というのを選んだ。」

「…『収入』『過労』といった、不安が少ない、とか?」

「―『収入』『過労』は、3割台。『国の将来』『年金、老後』については、1割未満でした。…スウェーデンでは、演劇人でも、最低2週間はバカンスを取る。社会全体の価値観が、夏のバカンスを楽しむために、残りの月を働く、というもので共通していて、演劇も夏は野外劇以外は公演がない。稽古時間は、9時から5時、土日はしっかり休む…」

「…日本では、夢のよう?」

「ええ。―で、そういう国だから、『仕事と家庭のバランス』という課題が、最も重要で切実なのかと思いますけど。…僕は今後、日本の社会が成熟するのとは別に、僕個人の生活レベルで、兎に角『仕事と家庭のバランス』という処に照準を合わせて、生きたい、と…」

「そういう生き方が、目標…」

話し込んでいる間に、次の目的地に着いたらしい。…君お薦めのラーメン店で昼食を、という流れになったが。車を降りると、何処か見慣れた景色―。

「地下鉄琴似駅の近くです。ほら、貴方と最初に出会った区民センターが…」

「なる程。あの三角の山は?」

「三角山です。」

「ハハッ。それは覚え易いですね。」

お目当ての『Y』という店は人気らしく、カウンターだけのこじんまりした店内は湯気で溢れ、既に満席。順番待ちの先客に繋がって大人しくベンチに坐り、15分後、やっとカウンターにたどり着いた。…だが待った甲斐あって、君は「醤油」僕は「とんこつ」―、独特のスープ、麺、チャーシューの味わいを堪能した。

「札幌市内でも一番のお気に入りなんです。」

「いや、美味しかった…」

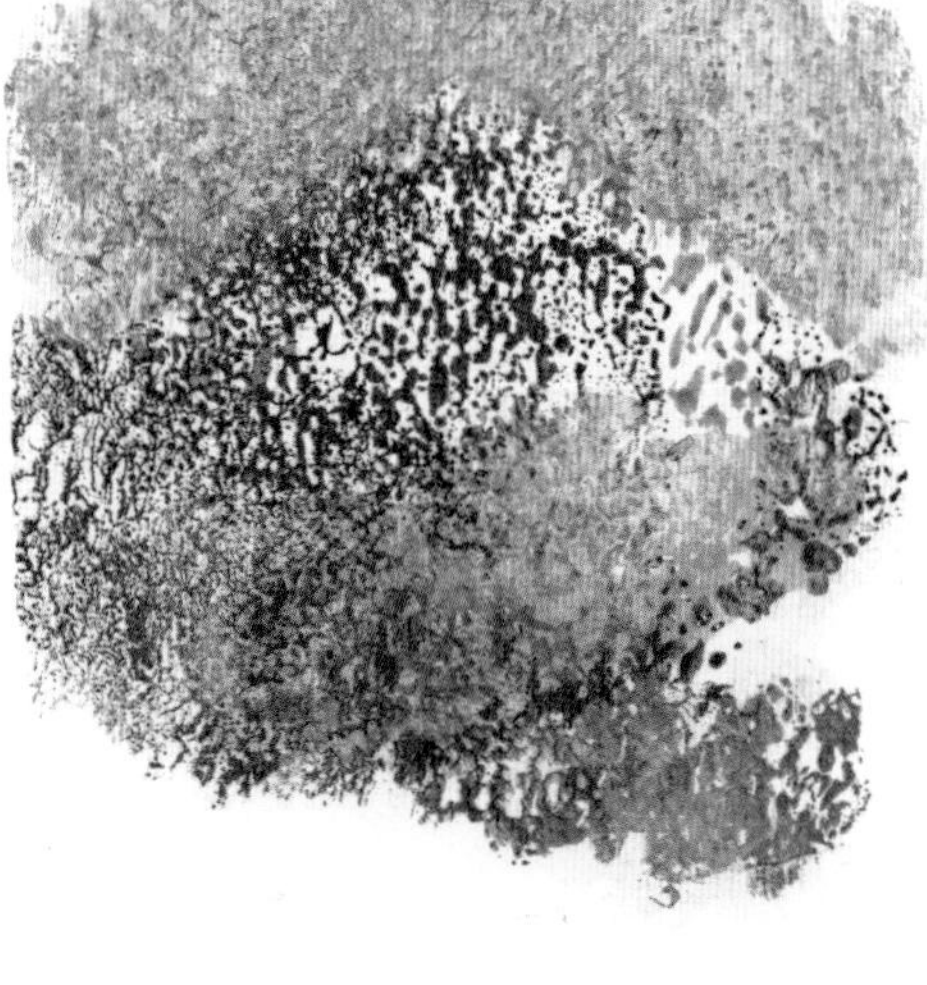

―いよいよ新千歳空港へ向かう時間が来た。車で送ってくれる、という君の好意に甘えるかたちとなったが、君は運転しながら、琴似の街を案内してくれた。

「ここは、私の地元なんです。住まいは、ＪＲの駅向こうの八軒ですけど…」

「僕が出た仙台の中学が、八軒なんですよ…」

「まあ、偶然でしょうか…」

君は笑い、チラッと通り向こうへ目をやり、

「あのビルで、私はエステティックのサロンを開いていたんですよ…」

「へえ、エステ、ですか。―昼はエステ、夜はモダンダンス…」

「その通り…。でも、この四月から、ある医療関係の専門学校で美容科が新設されることになって、

そこの講師をやらないかってお誘いが来てるんです。」

「引き受けるんですか？」

「ええ。最終的な面談はありますけど…」

「チャレンジですね。」

「…私にとってのジャンプ、今日判った気がしました。」

—飾らない、力強い君の言葉の底《ベース》には、仕事上の様々な関係、家族のこと、ダンスのこともありながら、—撹拌《かくはん》された日常が深い経験的な思慮を経て沈澱し、透明な心持ちの中で、現在《いま》は確固たる勇気と意志とに落ち着いている、そんな風に見えた。

「お兄ちゃん（長男）とお姉ちゃん（長女）は、成人して家庭もあるので、—末の娘がきちんと高校を出て成人するまで頑張る、それが私の次の目標なんです…」


新千歳空港に着き、「14時45分発　東京行」のチェックインを済ませ、空港を見渡せる展望レストランで、コーヒーを飲んだ。—まるで今回お決まりになったかのように、明るい大きな窓際の席に君と向い合せ、僕は腕時計を気にしながら、切り出した。

「まあ、今回、僕からいきなりのアタックで、タイミングが取れなくなってしまっていたこともあるのですが…」

僕の様子を素早く君も察知し、

「私も実は、お渡ししたいものがあるんですよ…」

僕も君も、お互い手荷物をゴソゴソさせて引っぱり出した。

「昨年暮れに、送りそびれてしまった、クリスマスプレゼントです…」

「僕は、ストックホルムのお土産です…」

—別れ際のプレゼント交換、とても想定出来ることではなかったが。君から手渡された小箱の包みをかざしながら、

「…妙な提案ですが。お互い、家へ戻って、開けてみることにしましょうか?」

「ええ。了解しました…」

そうしている中に、もう搭乗口へ向かう時間になった。


出発ロビーへ入るゲート前は、平日ながら行列が出来ている。僕はキーホルダーやら財布やら、探知機に引っ掛かりそうな小物類を小型のトレーに移す間、君が列から少し離れた処で、僕の様子を穏やかに見ていることを感じていた。

—東京へ帰れば、—パートナーとは?という宿題に結論を出さねばならない。だが、君の立ち姿を改めて眺め、待ちうけるゲートが「運命の扉」のように思えた。—これからゲートを潜り、ブザーを鳴らすのは自分じゃなく、機械だ。もう自然に任せて進むだけ…。と、別にブザーで未来を占う訳ではないが、妙なこじつけで腹を決め、君の方に近づいた。

「帰ったら、手紙でも書きます…」

「三日間、楽しかったです。お元気で…」

ほんの少し甘酸っぱい切なさを覚えながら、僕は君と握手し、手を振って別れた。

H

貴方を見送ってから十日目、今度は自分が空港から発つことになった。…急な病《やまい》で母が入院した、と父から連絡があり、看病するために、神奈川県T郡S町にある実家へ戻ることになったのだ。―末娘に八日程留守番を託し、出がけに郵便受けを開けると、貴方から速達が届いていた。JRの車内では、流石《さすが》に母の容体が気になり、その気にならなかったのだが―、新千歳空港で搭乗を待つわずかの間、私は貴方からの手紙を開け、読む気持ちになっていた。…ワープロ打ちの丁寧な文面が目に入り、最初のところで、停まった。

「…一日目の居酒屋さんでもお話ししたように、今回は、これから先自分の「パートナー」になって下さる可能性のある女性にお会いしてアタックするという―『プロポーズ大作戦』の実行に踏み切った最初の機会だった訳ですが。来月からの仕事開始までの残り日数も含め、これから先、別の女性に同じ目的で会うというのはエネルギーからして無理だし、たぶん自分に嘘をつくことになるし、だものだから「作戦」は、今回の三日間をもってめでたく打ち切り、ということにしました。」

―搭乗を促すアナウンスがあり、私は手紙を封筒に戻し、バッグに仕舞い、―やっぱり駄目だったか…という思いで、機内へと進んだ。

…何も考えず、久しぶりで北の大地から飛び立つ昼下がりの景色を眼下に観ながら、やがて雪を被った岩手山、貴方の故郷の仙台上空を過ぎる時に、―この空の下にも、貴方のご両親も住んでいるし、数え切れない沢山の人々の暮らしがある…、と不思議な感慨が込み上げた。―「よし。」覚悟にも似た、吹っ切れた気持ちが湧き起こり、私は貴方の手紙を再び開いた。

「—帰国直後からずっと、Hさんとお会いするまでは、僕の両親の年齢のこともあり、半ば悲壮な覚悟のように「結婚」という二文字の実現にこだわっていたのだけれど、あらためてこれから先何を一番獲得したいのかを自分に問いかけてみて、先ず世間的な「形」にこだわる必要はないのだ、と今は思い直しています。…」

「…さて、今回HさんからHさん御自身のことを詳しく伺って、僕は、Hさんには二人目の結婚相手は現れない方が素敵なように思えた。「家族」と呼べる関係は、亡くなられた御主人と御子さん達との間だけで良いだろう、と思いました。だから—僕と新しい家族を作りましょうという求め方はしません、という事が言いたかったのです。…」

「…Hさんと僕との〝関係性〟には、なかなか強い魅力があるように思えます。

Hさんは、いずれ末娘のKさんの高校卒業やら御成人等を境に、ある時代を終了して、御自分で動き始める時が来るでしょう。そして〝永遠の御主人と御家族〟の存在—それが一番大切な〝人生の柱〟であり続ける事でしょう。

でももしその一方で〝恋人〟と呼べるような人間が必要だったら、一番自然な存在として僕はいられたらいい、と思うのですが。…確かに僕の立場からしたら、年老いた両親の前で公式の「セレモニー」が出来れば最高には違いないけれど。—でもそれより「永遠の恋人」関係にチャレンジ出来るのは、もっと自分らしい気もする…」

…貴方の手紙を読み進み、正直、私は驚いてしまった。息が止まり、この手紙に私を反応させてしまったら、何かとてつもない感情が溢れ出てしまいそうで…。私はただただ信じられない感覚のまま、貴方の手紙を手提げバッグの中に大事に仕舞い、前部座席の下へ静かに戻していた…。

実家へ戻って二日目。幸い母の容体は、昨日に比べだいぶ落ち着ついた。夜、茶の間で何年か分のことを語らい、父が安心して寝入ったことを見届け、私は二階の部屋で、兄達が代わる代わる受験勉強した机に向かい、貴方から頂いた手紙、それから空港で交換したプレゼントの小箱を置いた。…私は何故か今回、バッグの底に忍ばせてしまったのだが。青と黄色のスウェーデン国旗をあしらった真四角な紙箱に入っていたのは、雪の玉をデザインしたガラス製のローソク入れだった。


貴方からの手紙を開き、一番最初の書き出しのところで、私は思わず微笑んだ。

「…空港で頂いた何処となく教会のステンドグラスを思わせる、素敵なローソク立てをありがとうございました。何となく一番最初は一人で点火したくない気もしたので、昨夜は火を灯さずにテーブルの上でしばらく眺め、番茶を飲みながら北海道での三日間を振り返り、自分自身の本当の気持ちと考えとを整理し直してみました。…」

…私は雪玉のローソク入れを手に取って眺め、意外な重量感を楽しみ、貴方からの手紙の一文、一文を、最後まで心のなかに刻み込んだ。

「…大倉山でジャンプの練習風景を見られたというのは、何だかとてもシンボリックで暗示的な気がします。お互い全く別のコースを滑ったり転ん

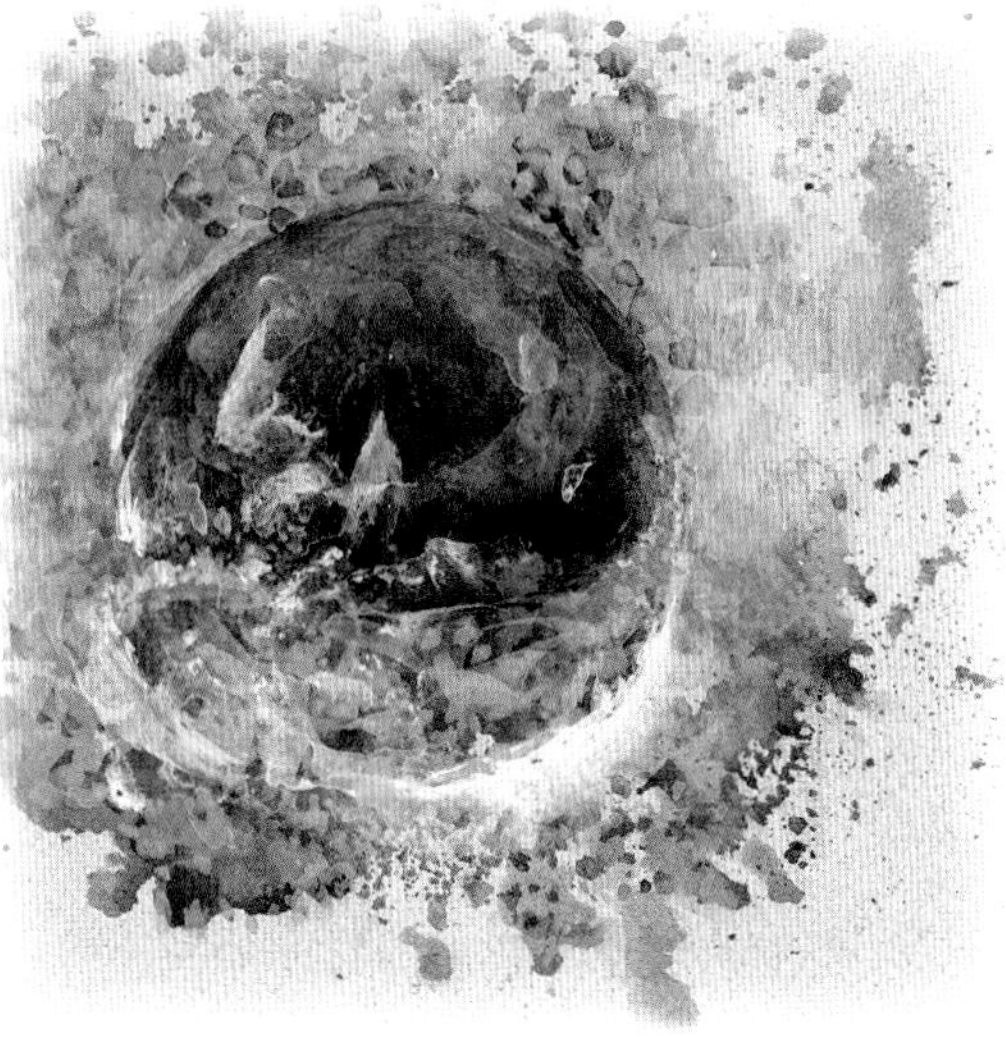

だり、長い険しい雪道をテクテク登り詰め、ある日出会ってしまい、眼下にとても遠い未来というゴールがひらかれている…、そんなジャンプ台に立ったイメージが持てる。そのジャンプ台からスタートするのはとても勇気のいる事、訓練のいる事。そして世間からすればいかにも不安定で、何とも不思議なバランス感覚―そんな〝関係性〟かと思えるけれど。…」

「…僕とHさんとの場合を考えてみれば、―先ずいきなり「引っ越し」から始めなければならないような無理な努力をする必要はないし、お互いの状況と状況を照らし合わせて「相手がどうすればベターになり、ベストに近づくか」を最優先に考えればいい。そして場面場面で刺激し合っていけばいい…。自然に身を任せる感覚を訓練しながら、周囲の風当たりを苦にせず、利用して、どんどんコツコツと飛距離を伸ばしていけばいい―そんなことを夢見たりします。…」

「…そんな訳で、これまではHさんの〝好奇心〟から押されるまま、本当にはHさんのことをどう思っていいのかすら分からないのが正直な僕の気持でしたが、思いも寄らず『ローマの休日』のような三日間を経て、昨夜ひとりの自分に帰り、Hさんのことをジワッと好きになれそうな自分を感じました。

以上。どんな御返事が頂けるのかは、全く恐れていません。常に予想もつかないことの連続ばかりだし、毎日楽観的に覚悟を決めて臨むだけだから。

ただこれまでのことにあらためて感謝を込めつつ、ガラス戸棚に納まっているキャンドルの行く末を見守って行きたい、と思います。

では、ゆっくりゆっくり、もっともっと僕を好きになって頂けるよう、励みます。」

…読み終えると、私は、夕方病院の帰りに買った新しい便箋、封筒を机の上に置き、貴方に返事を書くため、ペンを握りながら、心の声を呼び出した…。

…私には想像もし得なかった、素敵な三日間だったこと—最初、札幌に来られるとの電話を頂いた時には、きっとお仕事の合間の時間にお会い出来る程度なのかな…と思っていたところ、どうやらそうではないらしく…。

…いつの間にか、自然なものが私の内側から湧いてきて、私は便箋に向かってペンを走らせていた…。

「…でも折角お会い出来るのなら素敵な時間を過ごそうと思いながらお迎えに行きました。…居酒屋『Y』でのお言葉に少しビックリしてしまった事は確かです。…私達の年齢の男性が女性に求めることは、誰でも一緒なのかな?と思いつつ…。…率直に話をして下さった事とてもうれしかったのですが、どのように自分の考えを伝えたら良いのかとちょっと戸惑いもしました。」

…二日目のM温泉。—素晴らしい自然に包まれ、心も体もクリアにして、ただ五感だけで自然を感じようとしていた…。その私の横に、貴方がいてくれた。そして同じ方向を見ていてくれた…。

…それが私には、とても自然でいとおしく感じられていたことは確か…。

—時折ペンを止め、目を閉じ、振り返りながら、続けた。

「…私は自分で後悔しないように色々な事を自分の言葉でお話し出来たと思います。Mさんの望んでいる私にはなれない事、私の死生観(オーバーかな?)等々…。これだけ三日間を大事に出来た事で、どのような現実になろうとも悔やまない…と!」

—それなのに、貴方から頂いた手紙には!

「…ところがお手紙を頂いてビックリしました。

今の私を真っ直ぐに見ようとして下さるMさんに心の底から感謝します。

私はまだまだ発展途上です。心身共に自立した人間になろうと頑張っている最中ですが、こんな私でもMさんが見守って下さるのなら…」


—もうひとりではない…。よかった…。

私の中に、自然な呟《つぶや》きが生まれ、限りない安堵の気持ちが一気に吹き出し、満ちていた。

私はペンを握り、貴方に呼びかけた。

「…貴方にいつも見ていて貰えるような女性になって行きたいです。〝ゆっくり　ゆっくり〟よろしくお願いします。　また御会い出来ますネ!!　Hより」

M

2月に入り、今年最初の劇団の仕事—今月末に六本木H劇場で初日を開ける再演ものの公演のため、今朝は早起きして作業着や図面等を整え、午前中から搬入、仕込み、15時から20時までの稽古に参加した。…ハードな一日へのご褒美にと、近所の居酒屋でビールを飲み食事し、帰宅すると、君から手紙が届いていた。

ほろ酔い気分ながら、先日宛てた速達への返事—とあって、思わず背筋が伸び、先ずは気を落ち着けて、と…リュックを片づけ、部屋着に着換え、炬燵《こたつ》を移動し、いつもより丁寧めに布団を敷いてから、布団の上に正座をし、深呼吸をし、それからやっと手紙の封を切った。

…心に急展開で先日自分が送った手紙の内容がグルグル回り、それに重なるように、柔らかくハッキリした君の筆跡が、僕に向け語りかけて来た。…あの三日間への御礼…。その三日間に、君なりのシッカリした思いをもって、僕と会ってくれたのだ、ということ…。居酒屋『Y』での戸惑い…。

—読み進み、君があの三日間、覚悟と言える程真剣に、僕に対して、ご自分自身についての〝中核的な事柄〟を打ち明けてくれたのだ、ということが解った。—僕はあらためて、映画や演劇のヒロインをあたまに描くように、君が御主人を亡くされて以降、残された三人の御子さんを抱え、これまで歩んできた道の険しさ、月日、というものに思いを馳せた。

…僕はそういう女性《ヒロイン》に呼びかけていた、ということだ。「パートナー」—君が求めたいものに置き換えれば、〝恋人〟という関係云々より、もっと具体的で切実なのかも知れない…。つまり、心の支えを引き受けてくれる者—というようなことか…。

「私はまだまだ発展途上です。心身共に自立した人間になろうと頑張っている最中ですが、こんな私でも…見守って下さるのなら…」

僕はくり返し、自分の声と言葉で、君の〝回答〟を確認せずにはいられなかった—。

「もうひとりではないのですね…よかった…」

急に酔いが回ったかのように、僕は全身がワクワクして、—真夜中に叫んだかまでは解らないが、…読み終えた手紙に一礼し、封筒に収め、ガラス戸棚に並ぶ旅の土産だのの、ささやかな宝もの達の中に、そっと納めた。

—いよいよジャンプ台だ…。酔っ払いの僕は、フワフワウキウキした心持ちに浸った状態で、布団という名の急傾斜の雪原に向かって、—最長不倒！　ジャンプ！　…とばかり、思い切り飛び立った…。

まだまだ風は冷たいものの、午後の日差しに力強さも感じられる。—全く予想も出来ない事だったが、君から手紙を受け取って二日後、僕はＪＲ新宿駅南口の構内に立ち、行き交う人々の間から、君が姿を現す瞬間を待つのを楽しんでいた。…君が手紙の最後に付記してくれた事。お母様の看病のために実家に戻られている、との知らせ。ご両親の名前、住所も記されていた。翌朝、地図でご実家のある町の最寄り駅が中央線なのを知り、現在《いま》同じ沿線の空の下に君もいるのだ、と想像が働き、勢いに任せ電話をしたのだった。…幸いお母様の容体も落ち着き、出て来られる、との返事。

―不謹慎ながら、君のお母様が機会を与えて下さったようにも思え、感謝の念が湧いた。

…心に描くジャンプ台、スローモーションのようにゆっくりスタートの旗が振られたのか。

風は味方してくれているのか…。

午後1時。…年明けやロケット打ち上げのカウントダウンではないが、期待感の高まりのように…高尾、…八王子、…国立、…三鷹と、中央線上り方面の電車が、新宿へ向かって近づいて来るイメージが胸を躍らせた。

やがて、発着の度に各ホームの階段をすれ違い、流れが交差し合う人混みの中から、君が改札口へ向かってやって来る姿が見えた。―僕が手を挙げ呼びかける間もなく、君の方でも僕に気が付き、君は笑顔で片手を振り、やや小走りに息を弾ませ駆け寄り、出会えた。

「どうも…。…思いがけずと言うか…」

「ええ。―会えちゃいましたね…」

―手紙のこともあり、照れ臭さ半分、くすぐったく眩い瞬間が、君との間に溢れた。

新宿駅南口から甲州街道沿いに坂を下り、大きな画材店の裏口にあるエレベーターで、5階にある喫茶室『P』へ。―絵具や紙、壁を飾る形容の額など、舞台の美術、小道具のための買い物をする際、偶然のようにこうした〝憩いのオアシス〟のような場所が見つかり、僕はプライベートな時間でもよく利用してきた。ベランダの向こうに新宿御苑の木々も眺められ、画材屋らしく壁の絵も楽しめる。

こうして現在、札幌初日の心境は何処へやら—、お気に入りの店で珈琲を頼み、君と落ち着いて穏やかに向き合っているのは不思議だ。此処が応接間代わりな訳ではないが、僕にとってこの新宿という街は、庭のようなもの。

—二十歳に念願の上京を果たして以来、現在の劇団に落ち着くまでを語るだけでも、旅行ガイド並みにあちこち案内出来る区域だ。

「…本来文化系のはずが、理科系の高専を選んでしまい、十五歳にして進路を間違えたんですよ。」

「…あらあら。高専って、5年間ですよね?」

「ええ。…三年生の時、家族会議で大喧嘩。学校を辞めたい僕に、父が、とにかく卒業だけはしろ—、と怒鳴り、治まりとして、—卒業する代わり、好きな道へ進む!とツッパッた。」

—卒業するまでの5年も大変だったが、その後の5年はこんな具合。…東京へ出て最初の2年間は、人形劇団Pの養成所へ。最寄駅が新宿駅南口だったが、養成所を卒業しても、もっと他のジャンルも体験したくて、新宿Kホールの舞台事務室でアルバイトしながら、今度は市ヶ谷にあるパントマイマーのMさんのスタジオに2年近く通った。…その後Kホールで若手人気劇作家のTさんが公演し、影響を受けた僕は、劇団T事務所の新人募集の試験を受けたりもしたが、結局役者向きではない、と諦め、二十四歳の春、舞台監督志望ということで、信濃町にある現在《いま》の劇団に入るために、四谷三丁目の研究所に入所した。

「お父様、大変でしたね。」

「ええ。可愛い子には旅させろ、と言うけど、自分は全く甘ったれもいいところで…」

14時過ぎに店を出、新宿御苑を散策した。…梅のつぼみの膨らみを眺め、池の畔《ほとり》のベンチに並んで坐ると、君は、幼い頃の記憶を聞かせてくれた。

「…父が満州鉄道に勤めていた関係で、私は中国で生まれたんですよ。終戦から十年が過ぎ、いよいよ大連から一家して引き揚げる時に、現地の女性が、私を貰いたい、と申し出たそうなんです。」

「里子《さとご》にくれってこと?」

「ええ。私の上に男の子が五人居て、見るからに生活が大変そう、と思ったんでしょうか。…でも父も母も、私を譲ることはしなかったんです。」

「それは良かった。―もし運命が違ってたら、中国残留孤児だったかも…」

「…中国での細かい記憶はほとんどないけど、引き揚げ船のデッキから、イルカが沢山泳いでいるのを眺めていた記憶があるんです…」

「へえ…。イルカですか…」

目を細め、遠くを眺めるようにして語る君の横顔を感じながら、二、三歳の女の子が海の向こうに向かって歓声を上げる光景を、僕なりに想像し、遥かな過去の余韻にほんの少し触れた思いがした。

その後、温室を巡り、熱帯植物や洋ランを眺めたりしながら、僕は劇団の旅公演中の、ある体験を思い出していた。

「…大道具や小道具の仕込みを終えて、本番までの休憩時間に、僕はよく劇場を拠点にあてもなく歩き回る習慣があるんですよ。気の向くままにって感じで―。何処の町だったか忘れたけど、公園の一角にバラの花がいっぱい咲いてるところがあって、『星の王子さま』じゃないけど、―その花の薫りをかいだら、何とも懐かしい、子供の頃の、仙台の実家の庭を思い出したんです。」

「バラのお庭だったんですか？」

「…それ程ではないです。ささやかな普通の庭ですけど。改装する前には、四畳半の茶の間の出窓から、バラの花がアーチ状の柵に添って咲き誇っているのを眺められた。…その出窓というのは、下が家族五人の衣類を入れる引き出しになっていて、子供にとっては登ったり降りたりし易く、縁側みたいに足をぶらぶらさせて庭を見ていた。ある時は、父や母が気に入ったバラを一、二本切って来て、コップや花瓶に挿して出窓に飾ったり…。そういう子供時代の思い出が、薫りからフワーっと―」

君は嬉しそうに聞きながら、何かひらめいたらしく、

「母へのお土産、思いつきました―」

と言って笑った。

新宿御苑前の北京料理店で簡単な食事をした後、新宿通り沿いに戻り、君の買い物に連れ添った。―Iデパートへ入ると、君は美容関係のプロらしく、幾つかの化粧品をテキパキと選んだ後、アロマやキャンドルが並ぶコーナーへ寄って、花の薫りのするお香を2種類ばかり買い求めた。

「梅とラベンダーにしました…」

「春から夏へ、ですか…」

「…母に化粧をしてあげて、リラックスしてもらえるように。」

「それはいい―」

満足した様子の君とデパートを出、新宿駅東口方向へ歩きながら、話し込んだ。

「―スウェーデンに、手紙と一緒にお香のセットを贈ってくれましたよね。試験管みたいなガラスケース入りで2種類。それと素焼きの小皿のようなお香立てと…。ところが開けてすぐ、絨毯の上にその小皿を置いたのを、僕は何かの拍子でかかとで踏んづけて、割ってしまったんです…」

「まあ。で、どうしたんですか?」

「お芝居の小道具係りの経験が、バッチリでしたよ。…スウェーデンは、冬が長いからか、家具のデザインは勿論、食器やら何やら、見た目に色彩が綺麗で可愛らしい絵柄の品が豊富なんです。それで僕は、オレンジ色に花柄をあしらった紙ナプキンを買って来て、割れた小皿を接着剤で貼り付け、小皿全体にちぎった紙ナプキンをくるんで貼り、表面を木工用ボンドで塗り固めました。」

「木工用ボンドで…?」

「そうすると、ツヤが出るんです。」

「面白い…」

「…まあそれから、まだ貴方がどういう方なんだかよく判らないまま。申し訳なさ半分、妙な義務感も働いて、一日1本、必ずお香を焚きました。」

「光栄なことです…」

「まあ、何というか。実に効果的な小道具ですね。香りに訴える、というのは―」

君は僕の言葉には答えず、でもひたすら楽しそうに頷《うなず》いた。

大久保駅前、ホテルKの22階にあるお気に入りのバー『M』へ―。長いカウンター席の向こうがガラス張りで、眼下に中野、杉並、武蔵野へと続く一面の夜景を眺めることが出来る。

もう日が暮れて、ビルや人家に一斉に灯が点り、一目見た君は、思わず歓声を上げた。

札幌での三日間以来、三週間ぶりの乾杯、ビールを飲んだ。

「…現在《いま》の住まいは北新宿だから、歩いて十五分くらいです。新宿駅は隣りだから、二十歳で東京へ出てからの四半世紀—、ここから見える中央線沿いを軸に、自分が辿《たど》ってきた時代、時代を、地図みたいに眺めるられる感じですよね。」

「言ってみれば、青春の地図ですか…」

「…そうそう。最初借りたアパートが東小金井。それから西武新宿線の野方に移って、現在《いま》の劇団の座員に昇格してからは、ほら—。東中野、あの駅です。7年前から北新宿…。バイト先も、最初は原宿の焼肉屋でしたけど。2番目が吉祥寺のコーヒー専門店。それから新宿駅ビル内の書店。一番長く続いたのが、新宿K書店内にあるKホール舞台事務室。結局そこでの縁が劇団へ繋がった…」

「大変なお庭の広さですよね…」

「紆余曲折…。悪あがきの結果です…」

「いえいえ。…そこへ行くと私は、青春というか、寄り道って無かった。—高校時代には、何故か理由もなく不良呼ばわりされましたけど。兄達が皆社会人になった後も、兎に角両親を食べさせなくては、という強い思いが私にはあって、高校卒業後、専門学校でタイピストの資格を取りました。…まあその時頑張ったおかげで、トップの成績になり、大手菓子メーカーのL商事に就職出来たんです。」

「全く脱帽ですね…。母親は僕を、ハンドルの効かない欠陥車に例えて呆れましたけど…。あっちへウロウロ、こっちへウロウロ。そこへ行くと、貴方は、特別快速ですね。—高尾、八王子から一気に新宿という感じ—」

「…L商事の本社に勤めて半年後、いきなり球団勤務を命ぜられたんです。」

「運命の一球を投じられた訳だ―。そう言えば、L商事の本社って、ここのすぐ裏ですよね。」

…時を忘れ話し込み、僕はトイレに立ち、男子トイレの入り口を入ってすぐの窓の眼下に、何とも洒落たプレゼントのような景色と遭遇した。…用を済ませ、小走りで店内へ戻ると、息せき切って君に打ち明けた。

「…男子トイレの窓から、素敵な景色が見えますよ！」

―チョコレートやガム、球団のユニフォームでも見慣れたロゴの大きなネオンサインがすぐ目の前にキラキラ輝いて見えることを告げた。僕はバーの店員に訳を話し、男性スタッフ付き添いの元に、君が男子トイレの窓からしばしその景色を眺められるよう頼んだ。

…君がネオンを見に席を立った間、僕は夜景に目をやり、何となく僕と君が、ピーターパンとウェンディのように、夜景の上空をスイスイ飛び回るのを想像したりした。

「…何だか、とても懐かしい眺めでした！」

…君の弾んだ声で我に返り、

「まあ、ビックリの眺めですよね！」

二人して笑った。

夜11時近くなり、予想以上の満足度で地上へ降り、大久保駅で君が帰るのを見送った。

「…楽しかったです。」

「…また電話します。」

握手して別れ、安堵と自信で満たされた。

三日ばかり札幌へ戻り、二月、三月の仕事の日程を確定した。四月から、新たに専門学校勤務となるため、現在《いま》働いているサロンは、元々今月末までの契約だったが。母のことがあり、お店も私の状態が流動的なことに配慮してくれていた。―スタッフのシフトを察して、最初は札幌と実家とを小マメに往復しようかとも考えたが。…私は、思い切って、私のお得意様の予約が集中している月末の一週間のみ働くことに決めた。あとは実家に戻り、もう少し暖かくなる来月初旬まで、母と父の傍《そば》で過ごすことにした。―末娘には申し訳ないが、仕方がない。モダンダンスの方も、そうした事情で何回かレッスンに出られない旨を若先生に伝え、再びS町へ舞い戻った。

さて、貴方と新宿で再会し、楽しい半日を過ごし、六日が過ぎていた。あれから毎晩、貴方から電話が来るのが日常となったが、昨晩は格別声が弾んでいた。

「いや、明日の稽古、午前中のみで、午後からが中止になったんですよ。だので、夕方にでもお会い出来ないかと…」

「はい。明日の夕方ですね?」

私は、クイズ番組の早押しボタンではないが、即座に会えることを伝えた。

翌朝、入院先の病院で母の検査が幾つかあり、担当医の説明で―ゆっくりだが、回復方向に向かっている、とのことで、私も父も安心した。…札幌との往復で流石《さすが》に疲れが溜まっていたが、貴方と会えば、元気が貰えそうな気がする。―この前は新宿だったが、今日は中野での待ち合わせ。中野駅には久しぶりで降りるので、懐かしさ半分、どう変わっているか興味も湧く。—そう思いながら、電車の座席に坐ると、グッスリと寝てしまった。

中野に着き、北口へ出ると、日が落ちる空に特徴的なSビルが聳《そび》え立って見えた。…私は、札幌にいる時でさえ人混みがとても苦手なのだが。今日は躊躇《ためら》わず、押し寄せる人とすれ違いながら、真っ直ぐ右手のアーケード街へ突き進み、貴方が伝えてくれた待ち合わせの店へと向かった。

アーケード街が、複合ビル1階の商店街へ繋がる手前の路地を左に入り、すぐ2階に待ち合わせのカフェ『S』があった。何か屋根裏を思わせるような、小じんまりした店内のカウンターの奥寄りの席に、貴方が坐っていた。

…隣り合わせて坐り、コーヒーを頼み、カウンターの棚に飾られた幾つもの絵皿に気が付いた。

「…海辺の人魚姫の像の絵もあるので、デンマーク製のお皿でしょうかね。」

「…クリスマスとか、冬の橇《そり》遊びとか、季節季節の暮らしぶりが楽しそう…」

—いつの間にか、静かでゆったりした空気感の中に、自分が落ち着いてしまっているのが不思議だった。

「こういうお店は、どうやって見つけるんですか?」

「いつも偶然というか…。生き物がエサや棲家を探すのと一緒で、東京でも、旅公演先でも、プライベートに小一時間過ごせる処を確保するのは、自分にとっては切実なことなんです。」

「そこで読んだりとか、書いたりとかなさるんですね?」

「あと、手紙だとか、日記だとか。…まあ居酒屋もそうですが、勘が働くのは確かですね。この暖簾や店構えは、何となく良さそうだな、みたいな…」

「全国旅しておいでだから、日本うまいもの屋マップみたいなもの、作れそうですよね。」

「それは、—本気になれば書けるかな…？」

貴方が私のダンスの近況について尋ねてきたので、私は素直に打ち明けた。

「…母のこともあって、なかなかレッスンに出られなくなっているんですが。ひとつ宿題を抱えているんです。」

創作舞踊団では、普段は、主役である先生とコントラストをなす群像やら、緊迫した背景をなす自然として群を踊るのだが、今回勉強会として、団員ひとりひとりでソロ作品を創り、踊らねばならないのだ。

「発表は五月頃の予定なのですが、毎日忙しいし、何を踊ろうか、皆目解らなくて…」

そう言いながらも、今こうして貴方といる特別な時間に、何かヒントめいたものが潜んでいる、という実感はあった。

「…たとえ漠然としたものでも、それがアイデアであれば、大切なテーマを抱え込んでいるはずなので、そのテーマが何かを掴めさえすれば、きっと作品は出来ますよ。」

貴方の言葉に動かされ、

「…毎日忙しさに追われている自分がいて。…忙しさは、幾つもあって、バラバラで…。でも、こうして貴方と居る時の、特別な時間も出来て…。あとは、よく解りませんけど…」

「…もう二十年以上前ですが、パントマイムのMさんの作品で、こういうのがありましたよ。—僕は、渋谷の『J』で観たのですが…。主人公が、牛を探して、見つけて、何とか自分のものにして飼いならそうとして闘ったりして、やがて自分のものになり—。そういう基本ストーリーなのですが。何でも、禅の悟りの境地に至るまでの、中国の譬《たと》え話を元にしたとかですが。僕は何か、自分勝手に、Mさんの中の〝女〟との葛藤のような気がしたものです。」

「そこまで深く、素晴らしいものを考えてはいませんけど…」

「—でも何か、Hさんなりに生まれそうですよね。」

話しながら、この時間の希少さを噛みしめていた。


中野駅南口の線路沿いにあるとんかつ屋で食事した後、—ちょっと行ってみたい居酒屋がある、との事で、高円寺へ移動となった。

駅を降り南口へ出ると、思いがけない懐かしさで一杯になった。

「…パパ（亡夫）が球団を辞めるまでは、この街でアパートを借りていたんですよ。」

「本当ですか？　それは、凄い偶然ですね。」

貴方が驚くのにも訳があり、これから行く居酒屋はガイドブックで調べて決めたのだが、お店のある高円寺南口商店街というのは、そもそも貴方にとっても、青春時代の忘れ難い街だったらしい。

「…へえ。そういう偶然、あるんだ…」

「ええ。ホントに…。」

—まさか、この駅で降りる日が来るとは。…まさに新婚の幸せな時期を過ごしたこの街の駅に、それから後の私は、どうしても降りることが出来ないで来た。パパ（亡夫）が球団を辞めてからの幾つもの苦難と重なり、もし独りきりで降りたとしたら、幸せな記憶の分だけ、自分を支えきれないほど寂しくなって落ち込んでしまう気がして、とてもその勇気が出せないで来たのだ。それが今日、貴方に誘われ—。

お互いに、ある時代の思い出が色濃く詰まった街を、相手もそうだとは知らず、二十数年後の今日、二人で訪れた、という事だ。

夜7時を過ぎ、人や車や建物が密集した大都会独特の厚ぼったい空気感はあるものの、周囲は比較的人も疎《まば》らで穏やかに流れていた。

私は妙に嬉しくなり、貴方のおめあての商店街へ行く前に、先ずアーケード街を右に折れ、昔パパ（亡夫）とちび助と三人で住んでいたアパートの近くまで歩かせて貰った。

「…それ程変わってはいなくて、何だかよかった。」

何か足取りが軽くなり、かと言って早足で進むのももったいないような時間、―貴方も私も、タイムスリップ半分で、懐かしの南口商店街へと向かった。

アーケード街を抜け、幾つもの小売店が向い合せで並び、新高円寺の方まで続く、狭くて細長い商店街。…貴方が何年か前、懐かしくて独りで訪れ、らせん階段を上がる2階の喫茶店で、偶然流れていたハイ・ファイ・セットの『ファッショナブル・ラヴァー』という歌が気に入り、ジャケットを記憶するなり、すぐ同じLPを買った話。…私が1歳の長男を背負って、大きいお腹を抱え夕飯の買い物に歩いた通り。…今も変わらない古本屋や衣料品店、和菓子屋など…。それから、陶器やガラス製の小物が並んだ雑貨屋のショーウィンドウの前で立ち止まり、掌《てのひら》に乗るサイズの、様々な品物、色や形《デザイン》、キャラクターやらを目で楽しんだ。

居酒屋『T』は、時代を感じさせる白っぽい土間のお店―。カウンターの奥に、見た目にお母さんと息子さん、と判るお二人で切り盛りしていた。―貴方と向い合せで、素朴な木のテーブル席に落ち着き、私は珍しく日本酒をお付き合いすることにした。…樽のようなお銚子に入った岩手の地酒を猪口で頂き、ネギを詰めこんがり焼きあげた油揚げをつまみながら、味わった。

「…ここから歩いてつい五分位のところに、ハイティーン時代、仙台のとあるキリスト教会のキャンプで知り合った仲間が、住んでいたんですよ。」
身も心も解《ほぐ》れる中、貴方は青春時代の思い出を語り始め、私は耳を傾けた―。

…その家は木造の一軒家で、彼は一階を借りていた。高専卒業後に東京へ出たかった自分（M）は、当時憧れていた劇団の芝居を観に、こっそり上京した折など、彼の住まいに何度か泊めて貰ったものだった。

キリスト教会と言っても、自分の場合はクリスチャンだった訳ではなく、むしろ男子生徒がほとんどの高専では適わない「グループ交際」が目的で通うという〝罰当たり〟な分子の一人だった。―仙台は、当時男女共学が珍しかったので、教会には近所のミッション系の男子校、女子校始め、高専を含め、市内の様々な高校から若者が集まり、気の合う者同志が自由にグループを作り、交際していた。

ところでその彼、ニックネームで「B」と呼ばれていたが。最初に出会ったのは十八の時。いつものように教会仲間で集まった時、たまたま帰省して顔を出した彼を皆が紹介してくれたのだった。…自分は十七歳の夏以来教会と関わったが、その時既に「B」は、教会へ通う中高生らの古株として、謂わば伝説の存在になっていた。―十代で単身東京に暮らしていて、それというのも、ミッション系の高校に進んで間もなく退学になった、というのだ。…政治に関心はあっても、活動に参加する訳ではない〝ノンポリ〟の自分とは違い、「B」は果敢で正義感が強く、中学時代には、教会で知り合った友人と二人で自ら洗礼を受けていた。―時代は「70年安保」。高専の中にも、ヘルメットを被り闘争に参加していた先輩達はかなりな数だったが。そのキリスト教会へ通う若者の

中にも「闘争派」というか、ヘルメットを被り、デモに参加し、大学構内に立て籠る学生や高校の先輩がいて、「B」は先輩達の影響を受け、あるセクトに加わり、闘争に参加するようになった。…ある時高校の構内で、制服や丸坊主頭を義務づける「校則」反対のビラを配布し、処分されることになった。ところが先輩や仲間は、行為の〝誤り〟を認めたかして学籍は無事だった中、「B」だけが〝正当性〟を譲らず、ひとりだけ退学になった、ということだった。

上京後は、セクトを離れ、定時制高校へ通いながら映画製作のアルバイトをしている、という彼とはよく気が合い、他の仲間には見せることのなかった友情や恋愛の悩みを綴った自分のノートを読ませ、それについて兄貴分的なアドバイスの手紙を貰ったりした。

さて、自分が東京へ出て少しして、彼が仙台へ戻るため、高円寺のアパートを引っ越すことになった。その時彼は、教会仲間のキャンプで知り合った恋人関係の彼女と、ここ1年余り高円寺で同棲し、仙台へ二人で帰り、正式に結婚して家庭をもつ決断をしたのだ。

…引っ越しの日は、忘れられない一日だった。教会仲間数人が高円寺に集まり、彼が東京の友人を通じ手配したはずのトラックが来なくて、止む無く近所でリヤカーを借り、細長い商店街を人混みを縫うようにして、空が夕焼けになるまで、何度か駅との間を往復した。…当時は、宅急便などなく、荷物は全部「チッキ」で駅から送ったので—。

「その彼、仙台へ戻り、無事に結婚出来たんですか?」

「ダメでした。…特に、彼女のお父さんという方を説得するのは、とても無理で。—世の中には、条件的に困難な恋愛を成就させるのに、駆け落ちという方法もある訳ですけど。「B」の場合は、それとは正反対で、むしろ正攻法のつもりが〝殴り込み〟に近いものになってしまったような気がします。…彼は、—彼女の家族には、何とか説得して結婚する、と固い決意で語ってくれましたけど。

——まあ、結果として、彼女と一切連絡の取れない状態になり、最後は諦めざるを得なかったんです。」

「…もう少し時間をかける事は出来なかったんでしょうか？」

「…その時彼女には、お腹に赤ちゃんがいたんです。——時代のせいには出来ませんが、映画にしても『いちご白書』や『小さな恋のメロディ』『フレンズ』などというのも流行って、僕にしても『卒業』のダスティン・ホフマンに憧れた。…話せば必ず通じる、とか、そういう自分を貫こうとして、結果——「B」も彼女も、互いに傷つき、二度と会うことすら出来なくなってしまった。そういう思い出——。…あの借家では、将来への夢やら不安やら語り合いながら、日々を過ごし、愛情を育んだはずの二人ですが…。だから、ここの商店街は、僕にとっても忘れられない、懐かしくも切ない街なんです…」


お店を出、少し風に吹かれたくて、貴方の思い出の一軒家へと、歩いた。通りから少し奥まった敷地を覗き込み、貴方は小さく首を振り、

「家はもう、無くなっていますね…」

と残念そうに笑った。

「でも、ほら。敷石は残っています。この上を踏んで、僕は遊びに来たんです…」

建物のあった跡を見上げ、辺りを見回す貴方の心模様が伝わる気がして、私も大きく息を吸った。

「…若者どもが夢の跡、ですかね。」

貴方は吹っ切るように歩き出し、

「——ここの先のスーパーの向こうに、古いお風呂屋さんがあったんです。」

貴方の言葉で、私も不意に思い出した。

「お風呂屋さんなら、私も行きました！　夕方とか夜、ちび助を連れて——」

「本当ですか…！」

急に嬉しくなり、駆け足のように私も貴方もその銭湯へ向かった。

「ああ。あった！」

「…昔のまんまですね！」

まさか、これからお風呂へ入る訳にも行かなかったが。昔ながらの店構えで、閉店前、仕事帰りの近所の人々が急ぎ足で出入りする、現実の景色を確かめ、何故か楽しくて、貴方と顔を見合わせ笑った。

「—この商店街と関わりがあった時期は、僕とHさんとでは、数年位ずれているのに—。妙ですよね。もしかして、二十数年前に、この辺りですれ違ってたような気がしてくる…」

「もしそうだったら、素敵です…」

帰り道、どちらからともなく、手を繋ぎ合った。…美味しいお酒と、貴方の青春物語と、私の新婚時代と、懐かしい街並みとが心に沁み、商店街が細長く、何処までも続く感じが心地よかった。—偶然と偶然、それが幾つか重なり、出会うと、縁になるのか。…そうではなく、やはり最初から決まっているのが縁なのか。どっちにしても不思議だが、今夜は、それを強く感じる。

アーケード街へ戻り、高円寺駅南口へたどり着き、改札口で時計を見上げた。

「…十一時半ですね。」

「終電、逃しちゃいました—」

私も判ってはいたのだが—。そのまま貴方と同じ切符で上り方面のプラットホームに向かい、東京の冬の夜風を感じながら、貴方のダウンジャケットの袖口を、指先で握っていた…。

それから―。

…私は黒いデッキチェアに坐って寛ぎ、高円寺の喫茶店で聞いた縁で買ったというLPをリクエストして、ハイ・ファイ・セットのアルバムを聴きながら、壁にかかったヘップバーンの写真パネルを眺めた…。

…お部屋の明りをほの暗くして、貴方は、折りたたみの木の丸テーブルをセットし、小ぶりのビールグラスを並べた…。

「せっかくなので、コレを灯しますか…」

―絵ハガキや民芸品、箸置きやらの可愛らしい小物が並ぶガラス戸棚から、貴方は先日空港でプレゼント交換した、私からのキャンドル・ホルダーを取り出した…。

「…もしかして、初めて灯すんですね？」

「ええ。」

「―お手紙に、確かそう書いてた…」

「そのとおりです。…教会のステンドグラス風―」

…私がティーライトキャンドルにマッチで火を灯す間、貴方は冷蔵庫から缶ビールを取り出し、グラスに注ぎ、乾杯した―。

…目をつぶり、息をつくと、ユーミンの曲が流れた…。

…ソーダ水の中を貨物船が通る…

そして─。

…明りを消した天井の白いのを、闇の中にボンヤリと感じながら、私は貴方と並んで横たわり、私が今日「女の子の日」だったことを貴方に打ち明けた…。

…貴方は笑い、

「僕は大丈夫ですよ─」

そう言うなり、クルッとわざとらしく背中を向けた。

「…ごめんなさい。」

…私は、貴方の広い背中に身体を寄せ、貴方の片手を握ると、そのまま安心して、何処かへ沈み込むような深い眠りに落ちた…。

高円寺へ行った日から六日後、再び中野のカフェで待ち合わせ、落合の行きつけの居酒屋『S』へ行き…。会津生まれのマスターから、冷やかし半分、スッポンの生き血なるものをご馳走になり…。

そして、僕は君と結ばれた─。

朝、ぼんやり天井を眺め、この不思議な展開に思いを巡らした。隣りでスースー寝息を立てている君のぬくもりを腕の辺りに感じながら、ふと二十歳の頃に憧れに思った映画『ジョンとメリー』の始まりのシーンを思い浮かべた。…互いに名前も知らない男女が、パーティーで会ったその夜、男のマンションでベッドを共にする。翌朝目覚めてから、互いの素性を胸の中で探り合う〝心理ゲーム〟のような一日が描かれて行くのだが─。ダスティン・ホフマンとミア・ファローが演じた男女の辿ったシチュエーションとは、まるで正反対な流れのはずだが。何だろう、妙にあの映画の心地よい世界が現実となり、我が身に起こったような錯覚を覚える—。つまりは君も僕も、普段は職場や家庭など、日常の身近な人間関係の中を生々しく往き来し続けていながら、君と僕と居る時には、不思議に現実とは切り離された時間の中で、誰にも邪魔されず、自然に向き合えて来たからなのではないか？

…こうした朝を迎えるまで、僕と君は、互いの過去や体験、そこで得た核心的な思いや考えを、一枚ずつカードを切るように開示し続ける事が出来た結果、ひと月してたどり着いた訳だが。…予想も出来ない、このユニークな展開を噛みしめ、僕は思わず笑い出したくなりそうな思いを堪え、鼻の上まで毛布を曳き上げた。…すると君がうーんと寝返りを打ってやがて目覚め、僕を見るなり、

「おはよう。」

と照れ臭そうに笑った。

現実の時計は絶えず刻んでいる。せっかくの朝だが、部屋でゆっくり音楽を聴いたり、朝食をこしらえたりする間もなく、君も僕も、お互いのスケジュールに合わせ、テキパキ出掛けるための身支度を整えた。

…二月中旬の陽光が、雲間から斜めに差し込んでいる。わずかな時間だが、神田川沿いの細長い公園の散歩道を、君と並んでゆっくりゆっくりと歩いた。

数年前、川沿いに規則的に植えられたサクラの苗木も、いつの間にか子供が大人へとひとつ年代を先へ進める位までに育ち、目線の先の若々しい枝たちには、もうひと月もすれば開花しそうな芽を頑なに宿している。

「春にまた来るのが楽しみ…」

と、君が目を細め呟くのに、僕も足を停め頷いた。

途中から橋を渡り、狭い路をくねくね進んで坂を登り、東中野駅前の喫茶店で軽めの食事を済ませた。

君はこれから実家へ一度戻り、仕事のために札幌へ—。僕は、一週間後に六本木での公演初日が迫った稽古場へ—。黄色い電車の上りと下りに分かれ、湧き出る思いを振り切るようにして乗り込んだ。


半月後—。

…二月末にH劇場で初日を迎えた東京公演も、無事9ステージを終えて千秋楽、三日間の休みの後、いよいよ今夜、三ヶ月半もの長旅へ出発する—。

…先月末に札幌から三度《みたび》上京した君とは、一週間前にも二人して過ごせた。H劇場でのマチネー公演を観劇してくれた後、六本木から広尾界隈を散策し、小さな雑貨店で香りのローソクを買ったりしたのも楽しかった。

…S町のお母様は幸い食欲も戻り、順調に回復され、ここ数日内にも退院されるらしい。…思えば、何か夢でも見ているような出来事で満たされた特別の冬だったが—。

三月に入り、今度は明るい陽光の下で、君と僕との未知の現実が待ち受ける季節とはなった。


そして今日—。

…君とは、昨夜中野で待ち合わせ、再び高円寺へ行った。お気に入りの居酒屋『T』へ入る前に、とある店のショーウィンドーで足を停め、君が見つけた小さなネコのカップルの置き坐り人形を買い求めたりした。

…縞々のメスと、黒ネコのオスが、仲よく並んで空の向こうでも眺めてる風な、—その二匹は、昨夜の中《うち》に我が家のガラス戸棚の上の段にちょこんと納まった。

…こうしたくすぐったい現実が、僕の生活に定着をし始めた。つまり仕事へ向かうこれまでの日常に、君と過ごす秘かでやわらかい時間が割り込み、生活の二元化が生まれたのだ…。


新幹線の発車時刻まで、あと3時間となった。…君は今朝から、旅公演へ出発する日の僕の忙しさに、ずっと連れ添ってくれた。午前中、衣類やらの荷物を旅行バッグに纏め、午後一番に年金の支払いに出掛け、それから三日前に予約した携帯電話を受け取り―。タクシーで税務署へ行き、確定申告の手続き上のことでの相談をし、そうして部屋へ戻り、休養し―。

…現在《いま》は炬燵に向い合せで、携帯電話の様々な機能設定を、マニュアル本を見ながら君が手伝ってくれている…。

…世間に携帯電話が普及し始めて、七、八年にはなるが、何か歩きながら、飲みながら、処構わず大きな声で話させるその存在の仕方が、「幼児のオシャブリ」を連想させて、僕には抵抗感が強く、今日まで頑なに使用を拒んで来たのだった。…それが君の出現で、いともアッサリ所持することになったとは…。(この変化!)

「チョコ・バー」のような形の、紺色のこの機器で、これから僕も、君に電話したり、留守録にメッセージを入れたりするのだ。

「じゃ、着信テストね…」

と、君が楽し気に自分のケイタイを操作し、僕の掌で僕のがプルル…と音を立て鳴った。


時計はもう夜9時を廻っていた。…劇団指定の列車に

は乗り遅れてしまったが、今夜は〝確信犯〟と言える。せめて今日はギリギリ君と長くいたい気持ちが、結果的には、一番遅い新大阪行きへの乗車変更となった。…と言うのも、7時前に家を出たその足で、僕は近所の居酒屋『J』で、しばし別れの杯を君と交わす選択をしたからだった…。

まだ少し風が冷たい東京駅の新幹線プラットホームに立って、下り方面の車両が入って来るまでの間に、僕は今回の「旅手帳」の一冊と、数日前に作った自宅の合鍵を劇団の封筒に入れ、君に手渡した。―毎回旅公演前の全体会議時に、制作部から出演者、スタッフ全員に二冊ずつ配られる「旅手帳」には、公演コースが一目で確認出来る日本地図から始まり、移動日、公演日、日付順に全ての日程の詳細が網羅されている。…これまで「独身貴族」だった僕には、もう一冊は紛失の際の予備にしか過ぎなかったが―。

…君はパラパラと「旅手帳」をめくって、

「ホント、三月から六月まで…。大変ね―」と、タメ息をつくように目を丸くした。

「今夜は豊橋に泊って、明日、近くのK町での公演がふりだし…」

「…三月、四月かけて九州。五月、六月に静岡県内…」

先の長さをページを追いながら、二人して実感している中に、列車が入って来た―。今度は君が、急いでバッグから封筒を取り出し、僕に手渡した。

「実家で手紙を書いたんだけど、新幹線の中ででも…」

封筒を持ちながら、―このまま君が手を離さずにいてくれたら、と一瞬思った。

列車に乗り込むのに、ザワザワ周囲で人が動く中から、

「おはようございます！」

と声をかけられた。演技部後輩のF君だった。

「…いや。遅くなってさ…」

と答えると、

「俺もッス！」

と、Ｆ君は気を効かせて、そのまま手を上げサッサと列車に乗り込んだ。

僕は手紙をダウンジャケットの下のベストの内ポケットに仕舞い、一番最後に列車に乗り込み、入り口のデッキに立った。ホームに立っている君と、ずっと向き合っていることに決めた。

…やがて出発のチャイムが鳴り、ドアが閉まり、君は―ケイタイで電話して、と身振りで僕に伝えた。僕が「了解」と、胸ポケットの辺りを手で叩くと、列車が動き出した。互いに笑って手を降るだけの君と僕が、僕だけ平行移動をし始めて、あっと言う間に引き離され、見えなくなった。

…指定の座席に向かおうとすると、隣りの号車からＦ君が近寄ってきて、

「いやぁ、綺麗な方ですね…」

と真顔で言うので、

「ああ…」

と、照れ笑いし頷いた。


車内は適度な埋まり具合で、指定座席の隣りに来る乗客もなく、僕は窓際にゆったり身を預けることが出来た。ゴーゴーと進む音以外に、ペチャクチャ気になる話し声もなかったが、何処かから『心の旅』だの『なごり雪』だの―同世代の連中がカラオケで唄いそうな曲がずっと流れているような気がして、ついさっき君と別れた余韻を引きづり、浸っている自分を認めずにはいられなかった。

…窓ガラスに目をやると、暗闇のスクリーンの向こう側に、つい50日前、覚悟を決め札幌へ乗り込んだ日の自分の顔がダブって映し出される気がする。―何と不思議な心模様だろう。穏やかに冷

めて捉えながら、身体の奥は限りなく熱いものが流れ、先へ先へ進もうとしている。

だが、あれこれ思うことを一度大きく呼吸して吸い込み、君の手紙を読むことにした。


「…今年は素晴らしいプロローグで始まりましたね。

この一ケ月の幸せは、何物にも譬えようがない程です。本当にありがとうございます。

急いでやって来た状況に、身も心も最初は少し戸惑いながら、それでもしっかりとその中に浸り、私の体の隅々から貴方を感じられる事が、ちょっと怖い位に幸せでとても嬉しいです。

…この11年余り出来るだけ誰にも頼らずひとりで頑張らなければと思い続け、ストレスで円形脱毛症になったり、極度のアレルギーや自律神経失調症で寝込んだりと、色々な事があったけれど、…貴方と居ると、何かが少しずつ融けて行くようで、すごく楽になってしまっている自分でいます。

これからも色々な事沢山あるでしょうが、貴方のもとで休む事が出来る…そうすれば、また頑張る力が湧いて来る…

しばらくお会い出来なくなりますが、ひとりになってゆっくり今までの事、これからの事、自分なりに考えてみようと思っています。

長旅が始まりますね。どうかお体にはくれぐれも気を付けて下さい。もうおひとりではないのですから…」


手紙を読み終え、台本サイズのビニールケースに仕舞い、リュックの中に納めた。

ベストのポケットから携帯電話を取り出し、君がいつの間にか表面に自分で貼りつけた君の顔写真のプリクラを眺めた。

「宿に着いたら、電話するか…」

ポケットに戻し、その軽い重みを感じながら、まっすぐ宙空を眺め、そして目を閉じた。

（了）

SIDE B 遠距離ボレロ

Ⅲ 1999 春

M

三日前に下関から福岡入りし、一昨日初日をあけ、今日3ステージ目のマチネーも無事終えた。終演後、地下鉄で真っすぐ宿へは向かわず、歩いてみたくなり、たどり着いたのが大濠公園。…大きな池の周りを半周し、池の真ん中の細長い島を繋ぐ幾つかの橋を辿って、現在《いま》は東屋に立っている。

—君と東京駅で別れ、四ヶ月もの長旅に出発してから半月。九州方面へ南下したからだけではなく、何か季節そのものがググッと先へ進んだような実感を覚える。溢れる陽《ひ》の力。自然も街も人も包み込む柔らかなこの季節の空気を大きく深呼吸して、我が身を一度落ち着かせたい気持ちのまま、此処へ着いた気がする。

…三年半前が初演の今回の演目と言えば、先月君が六本木H劇場での舞台を観て好評価してくれたように、—夫に先立たれた嫁と舅と家族との長年の心の繋がりへと導かれるドラマが共感を呼び、初演時の予想を超えたヒット作となり、劇団の財産的作品に加わった。再演で公演回数も重なり、決して〝楽勝〟とは言わぬまでも、毎公演トラブル無く、精神的にも余裕をもって臨める演目として、今回のスタッフ達も捉えてきた。だが、どうして現実は厳しい…。

というのも、一時間前。終演後すぐに舞台監督のS先輩からコッソリ別室へ呼ばれた僕は、S先輩から、極めて重要な依頼を受けたからだ。

「…僕の認識が甘かったんだけど—」

と切り出したS先輩。すぐ察しは付いたが、

「これ以上旅を続けられる状態じゃなくて、女房を呼んで、東京へ帰ることにした…」

「はあ。」

「これから先、舞台監督をお願いしたいんだけど―」

返すべき言葉は即座に決まっていたが。

一瞬様々な思いがフルスピードで回転した気がした。ここ六年程、アトリエ公演の舞台監督は何本か担当したが、本公演、ましてや旅公演の舞台監督というのは―。だが、迷い戸惑う反応をする時間は瞬き程も許されない。

「分かりました。」

僕は答え、S先輩の微かに安堵する表情を確認した。

―具体的な引き継ぎは、これからとして。S先輩の、旅へ出てからの急激な不調は、身近にいてすぐ気付ける程だった。例えば、駅から会館への移動のタクシーで隣り合わせると、S先輩のお腹の辺りがゴボゴボ音を立て鳴るのが聞こえ、辛い状態と解かった…。

―数年前に悪性腫瘍が見つかり、患部を切除、その後仕事に復帰されてきたのだが…。

いずれにせよ、舞台監督という立場を考えると、常に公演全体の進行、安全、無事な状態を保つことの責任者な訳だから、旅へ出て思わぬ不調に陥った自分自身を客観的に判断してみて、―何処で降板しよう、―代行は何時依頼しよう、S先輩は、あれこれ孤独に悩ましく思考を重ねたに違いない。それを思うと、福岡での公演は最もリスク無く運べる条件だった。…そもそも九州各地を公演して四月末までの二か月間回れること自体、主催者となる演劇鑑賞団体等の充実あってコースが組める訳だが、とりわけ福岡での滞在が9日あり、ステージ数が10回あるというのは、全くS先輩には、此処しかないタイミングをもたらしたと言える。―福岡公演は残り7ステージ、まだ一週間ほど滞在せねばならない。

「…僕が抜ける分の補充だけど、九州のコースだけ、Oちゃんに頼めないかな?」

「Oさん、ですか?」

打ち合わせの最後に、S先輩から思わぬ提案が出た―。

―美術部の先輩にあたるOさんは、数年前に劇団を退座し、九州へ移り結婚、若い奥様のご実家のある福岡県内に在住しておられるのだが…。

「分かりました。今夜にも電話してみます。」

この件も引き受け、S先輩と別れたのだった。

日暮れまでまだ時間がある。心地よい風が時折水面を波立たせるのを眺め、再び反対側の池のほとりへ向かって歩き、公園を出た。


…これから小一時間はかかるだろうか。中心街、宿のある天神界隈まで、兎に角歩道上を何処までも歩きたい。与えられた自由時間の中に、いつも二つの時間が流れているのを意識する。…仕事モードで張り詰め、細かく揺れ動く気持ち。―だがその一方で、意識のチャンネルを切り替えさえすれば、いつだって君への思いが一気に溢れ出る。…今年に入り、不意に訪れた特別なこの季節―。僕はいつもそのプライベートな時間の中に飛び込み、浸り切っていたいのだ…。

…二週間前には、大分からバースデーカードを送った。北九州では『微笑をもう一度』という映画を観て、感動の勢いでパンフを送ったりした。…バラ色の結婚生活が夫と親友との不倫で不意に破綻したヒロイン、娘を連れ故郷テキサスの小さな町へ戻る。父親を追い求め続ける娘との葛藤、自身に訪れた恋、家族の再発見―、ロマンチックな挿入歌の心地よさも後押しして、お調子者の僕は、映画に自分と君とを重ね合わせ、酔いしれた。

…五日前、下関では、お昼に雨の中傘をさして日和山公園を散歩。関門橋や港を見晴らす洋風館やら眺め、『サラダ記念日』よろしく、君に捧げる短歌をひねってみたり。―途中見かけた寿司屋の店先では「未亡人で美人の方は2割引き」と貼ってあるのに足を止め、…ハハア、君は2割引きなんだ、と妙に可笑しくなって笑ったり。そして昨日は、ホテルに君の手紙が札幌から届いた…。おそらく有頂天とは、こういう気分をいうのに違いない。このチャンネルのモードに入ると、僕は忽ち春爛漫の幸せいっぱいな心持ちに支配され、オンリー・ユウ―君に思いを寄せ続ける…。

ホテルの部屋へ戻り、小休止。…やがてエイッと腹を決め、台本に添って、音響、照明、舞台転換、役者の登退場のきっかけ等を確認しながら、Cue（キュウ）出し表を自分なりに整理し、明日以降の引き継ぎ作業に備えた。それから福岡県在住のO先輩に電話―。S先輩からの依頼を伝えると、―即答はできないが、日程を確認し参加できるようにしたいとの返事。元々去りたくて現場も劇団も去った訳ではない事情は、O先輩から退座直後に直接手紙を頂いて解っているだけに、今回の電話は、内心とても喜んでいるのが受話器を通してよく伝わった。

―本日の業務完了！　フーッと息をつき、無意識に君から届いた手紙を取り出し、ゆっくりと読んだ。

「…私も毎日、地方公演日程表を見ながら、一緒に旅をさせて頂いております。度々頂く散歩の時の電話も、目を閉じて聞くと、まるで一緒にいるかのように感じられ楽しいですよ！」

「…でもそれが故に現実に向かうと、時折り切なくて、淋しくて、たまらなくなる時があるのです。私は欲張りですね。二月のあふれるような幸せと、そこからつづいている毎日の声の便り。それだけでも贅沢なのに…」

読みながら、ふと自然に声が出た。―私も贅沢です。言いながら、手紙を仕舞い、暮れた街の空を確認し、飲みに出ることにした。

三日後。

福岡での公演は六日目。８ステージ目のマチネーも無事終了。…本番中、これまでS先輩のポジションだった下手前側の袖に腰を据え、台本をめくりながら、芝居の進行を見守った。…一昨日は、夜公演の九十分前にS先輩の帰京の件で打ち合わせがあり、地方公演委員の主演俳優Tさん、制作担当のS君との４者で確認し、その後ステージ前に関係者全員が集合し、今後僕が旅公演の最後まで舞台監督代行を務めることになった旨伝えられ、僕からも簡単な挨拶をし、皆から承諾をされた。

…そして昨日は、本番中S先輩の横に付いて、昼夜２回の公演で、きっかけのCue《キュウ》出しやら何やら、業務の引き継ぎをした。その夜、帰り道で『Oクラブ』という居酒屋に入り、何人かのスタッフ仲間と飲み、激励された。


…三日前と同じように、大濠公園を経由してホテルまで歩こう、と会館を出たが、途中で道を間違えたらしい。…ふと君が手紙にこう書いていたのを思い出した―。

「札幌に戻って来て今までと変わらない事柄が起きているのでしょうが…。何かが変わってしまった私には、時差のように思え、周波数を合わせるのが大変です。フッとした時に私の心は貴方の所へ飛んで行ってしまい、呼び戻すのが大変なのですヨ。もしかして貴方と行き違いになったらどうしましょう…!?

でも大丈夫ね!…きっと貴方は私を捜し出してくれますね。〝どっちだっけ?!!〟と迷っている私を…!」

急に愉快になって、歩調を早めると、目の前にドデカイドーム球場が現れた。

―今日はダイエーさんに呼ばれましたか…。

独りごとを呟きながら、気の向くままに進むと、球場の裏手側にあたる小じんまりした海岸に出た。

地方の大都市の、いかにも遠慮がちな海岸の砂浜に立って、今日一日の自分に向け、ノーサイドのホイッスルを吹き鳴らした。…仕事モード、恋愛モード、現在《いま》はどちらのチャンネルでも構わない、予期せず訪れた束の間の解放ゾーンへと背中を押され、それを靴底から味わうように砂地の感触を踏みしめ、斜めに波打ち際まで進んだ。…劇団付属研究所の門を叩き二十年以上経過し、沖縄を除く全国各地での旅公演に参加して来たので、当然その滞在や移動の数だけ土地土地の印象深い景色との出会いもあり、劇団仲間との思い出も数知れない。─今朝早く奥様と帰京したS先輩にしても、移動日《のりび》と言えば様々率先して企画し、皆を楽しませ旅を盛り上げた。…何処だったたか。瀬戸内海に面した街の海岸だったか。いつもの大人数とは違って、ごく数人でのバーベキューをS先輩から誘われた日。いざ浜辺で昼食というタイミングで、俄かに掻き曇り雨が落ちてきて、たまたま僕が持参していた折りたたみ傘の下で皆小さく塊り、肉を焼き食べる、という光景になってしまった。…かと言えば、日本海のある町での海岸では、S先輩や衣裳部後輩のSちゃんと一緒に貝殻拾いに興じる、という機会もあった。Sちゃんは、独身で決まった彼女もいない僕にピッタシの女性がいるのだ、と盛んに

吹聴して、その子にプレゼントするようにと言って、巻貝や二枚貝、いろんな色合いの小さな貝殻が両の掌に余る程に集まり、翌日旅先から送ったりしたのだが…。その後その女友達と恋愛関係に発展するには至らなかった。

平戸で宿泊したホテルの傍の海岸では、余りの気持ちよさに、加山雄三の知っている歌をメドレーで口ずさんだものだ。ゆっくり夕暮れを迎える今日の気分でいくと『まだ見ぬ恋人』だろうか…。

何とも大人しい波音に耳を傾け、足元の貝殻を拾い、―この湾内から流れ流れ、地図沿いに日本海を何処までも…。ヤシの実になった気持ちで辿るには、北海道も、札幌も、余りにも遠い。ふとタメ息が出た。

そそくさとベストのポケットから携帯電話を取り出し、君に電話―、留守番電話となったので、いつものようにメッセージを残し、届けることに。いざ報道番組のレポーターよろしく―。

「…波の音が聞こえるでしょうか？　今僕はFドーム近くの海岸に来ています…」

今日の勤め、ではないが、暮れ行く空、海、呼吸した景色と思いとをメッセージに込めて。

本日の短歌。

どっちだっけ？　と迷いドームに呼ばれてる　入日の海から　はずむ留守電

潮騒と　貝殻　まるで若大将『まだ見ぬ恋人』ロマンチックビーチ

散歩道　小鳥たちには生活場　HawksTown　今日も暮れ行く

ただいまーと自然に声が出て、私は貴方のお部屋に入った。ドアの内鍵をかけ、玄関で靴を脱ぐ間、何だか急に可笑しくなって笑ってしまった。キッチンをそのまま横切り、居間《リビング》へ入って見回し、貴方が旅公演に出発した日と変わらない空気を吸い込み、座卓の上に手荷物を置いた。…ベージュ色の厚地のカーテンを開け、レースの白いカーテンだけにし、それからヘップバーンのポスターやガラス戸棚の中で2匹仲良く並んだネコちゃんにも挨拶をした。…ガラス戸をそっと開け、お香を取り出し、焚いた。…家主のいない部屋に、細い煙と共に柔らかい香りがフワーッと広がり、微かな風にでもくすぐられたような感覚で、まだホットカーペットのままの絨毯の上に腰を下ろし、脚を伸ばし、何とも幸せな気持ちが沸き起こるのを楽しんだ。—これから四日間、札幌から休暇で飛んできた私は、S町の父と母の住む実家と、北新宿の貴方のお部屋と、JRに乗って往復し、気ままにのんびり過ごす日々を送ればいいのだ。

…貴方が壁に掛けたライオンズのカレンダーを、半月遅れで3月から4月にめくり、自分のバッグから例のオレンジ色の「地方公演日程表」を取り出し、貴方は今日島原から熊本へフェリーで行く移動日《ノリビ》だった、と確かめた。…昨晩の電話だと、何でも熊本市内の予定のホテルではなく、今夜は有志の皆さんと一緒に地獄温泉という処の宿に一泊するのだとか。—どんな処だろう?想像しながら、自分も数日このお部屋に通って過ごすことを思い直し、先ず簡単な掃除から始めることにし、立ち上がった。

紺地に白のチェックの、貴方のエプロンを借りて、居間《リビング》とキッチンに掃除機をかけた。特に汚れたり散らかったりしている訳ではなく、むしろ几帳面に整然としていたが、何か気持ちをフレッシュに臨むには欠かせない儀式のような気がしてそうしたのだろう…。落ち着き、冷蔵庫の中に、実家からの途中に買い込んだ飲み物やら、貴方へのお土産のビールやらを入れた。…まだお昼を回ったばかり。

……バスルームでシャワーを浴び、サッパリした気分で部屋着に着換え、髪を乾かしたり、何となく流しを洗ったりしながら、たっぷりな時間を噛み締めた。

冷蔵庫に冷やしてあった水をコップに注ぎ飲みながら、カーテンの隙間から少し覗かせた青空を仰ぎ見、ここ何年も出来なかった贅沢をしてみよう、と自分に笑いかけ、宣言した。—これから私は、お昼寝します！

押入れからお布団を借りて居間《リビング》の端に敷き、再び厚地のカーテンを閉め、横になった。……全身限りない安らぎへ—。貴方に包まれ……。


……通りを挟んだすぐ向かいの公園で、放課後遊ぶ子供らの声で目を覚ました。カーテンを開けると、外はまだ明るい。スッキリと透明な気持ちで仕事（ワーク）モードのぜんまいを巻き、押入れに先ず布団を戻し、部屋の真ん中に座卓をセットした。バッグから筆入れやレポート用紙、今月から受け持つことになった「エステティック概論」「心身生理学」といった科目のテキスト数冊を取り出して並べ、来週再開する講義の準備作業に取り掛かることにした。

キッチンで湯を沸かし、食器戸棚からカラフルなカップを借りて、ドリップ式のインスタントコーヒーを煎れ、いざ、仕事に向かった。


いつになく集中した時間が、時計を刻む秒針のテンポに合わせ、苛立つことなく進んだかと思う。……予定の分量を自分なりに整理した文字でレポート用紙も埋まり、まだまだ他の教科があるものの、手帳のカレンダーの空白が明日以降のこうした時間を約束し、微笑んでいるように思え、満足に締めくくりの深呼吸をすることが出来た。

公園で、夕方5時を知らせるチャイムが鳴った—。

貴方のお部屋を出て、JRの駅へ向かうのにも、幾つか道順《ルート》を楽しめる気がする。実家へ帰るには一駅遠くなるが、わざと青果市場の近くを通って大久保駅まで出る選択もある。だが今日は初日だし、来た時と同じに神田川沿いの細長い公園を通り、東中野駅へ向かうことにした。…歩きながら携帯で実家の母に電話し、―これから帰る、と伝えた。札幌の規則的で広い通りと違って、狭く入り組んだり曲がったりの雑多な路の連続が、懐かしさと新鮮さの入り混じった佇まいで迎え入れ、足取りを軽く弾ませてくれる。

神田川に突き当たると、若々しい桜の木々が、つい一週間前には満開だったろう、と想像させてくれる。まだ公園内のあちこちに、薄いピンクの花びらが散ったまま、地面や敷石やベンチの上にくっ付いている。…そのまま柵越しに細い川の流れを覗き込むようにして眺め、―ずっと向こうの小滝橋から高田馬場方面へ、川沿いを歩いてみるのも良さそうだな、と思った。こうして独りで歩いたり、立ち止まったり、こんなに時間の中にゆったりしている自分が居るのは、不思議だ。それもきっと貴方と出会ったから―。

…陽の傾いた空から高い天へ線を引くみたいに一度見上げ、川のせせらぎに背中を押され、再び歩き出した途端、携帯が鳴った。―実家の母から。おそらく今晩のおかずか何かの用件に違いない。さあ、東中野へ…。

三日後。

昨晩は予定を変え、貴方の部屋へ泊ることにし、夕飯を作ったり、近くの銭湯へ行ってみたり、楽しませて頂いた。…今朝は、青果市場を行き来する台車の独特な音で目を覚まし、お陰で午前中のうちに講義の予習を無事全て済ませることが出来た。—今日は最終日で、両親と過ごす為、もうそろそろこのお部屋を去らなければならない。

赤いデコラの座卓の上に、今便箋ならぬレポート用紙を広げ、貴方に御礼の手紙を書き残そうとしている。

…この数日、私には至福の時だった、と思える。思い立って飛んで来たとは言っても、予想もできない程、満たして貰えた日々—。

「こんなに幸せで、暖かく、ゆったりとした時間を過ごせるなんて…貴方がお仕事に行かれた後も、貴方に包まれて…急がずゆっくりと時を楽しみ、夕食を作り、また貴方を想っているだけ…」

—何て贅沢な時間だったろう！　ペン先に現在《いま》の思いを込めながら、この数日を迎えるまでの、過ぎ去った自分が思い出された。

「先月の私の生活からしたら天国ですヨ。いくら忙し好きでも、自分が削られて行くのが、削られる音が聞こえるような生活でした。

以前の私でしたら、当たり前のように仕事をして、手帳が埋まっている事に安心して、空いている時間をさらに埋めて…自分が崩れそうになると明け方まで車を走らせ…その繰り返し…」

—それが貴方と出会ってから、ひとりの時間の過ごし方が変わってきたのだ！　…貴方の時間の捉え方、行く先々での楽しみ方、考え方！

「お仕事柄なのか、持って生まれた気質なのか、今までの経験の成せる技なのか…」

—今回私は、貴方にいっぱい幸せを頂いているけれど、私は貴方に何をしてあげれば良いのか…。

いっぱいいっぱい愛すること…一緒に少しでも長く居たい事…すべて私の心のまま…でも、貴方に何をしてあげれば良いのかナ…。

「夕暮れの公園、神田川沿い、東中野や大久保までの道筋、貴方の今までの生活や色々な事すべてを私なりに感じたくて、呼吸したくて、歩いてみたり、佇んだりしてみたの。私には、今までした事もない時の過ごし方、少しでも貴方に近づければ良いナー、とつくづく思いました。」

―いつも私には、貴方がいる。でも貴方の私でいられるようになれたら良いナー。


あふれ出る貴方への思いを手紙に込めた。それから、昨日実家から出がけに、母から手渡された貴方へのプレゼントを、手提げバッグから取り出し、置き手紙の脇に並べた。

…二月に入院していた母だったが、見舞いでS町へ戻った私が、それまで余り足を延ばすこともなかった都内へ出かけるのに気づいていて、私も母の容態や様子を見ながら、それとなく貴方の存在を打ち明け、交際を始めたきっかけや、貴方のお仕事、人柄などについて話して聞かせたので、母なりに貴方への親しみや縁の深さを感じ始めたのに違いない。私が貴方に魅かれている様子も判るのだろう。

…パパ（亡夫）との結婚生活が十数年で途切れてしまい、三人の子供達を女手ひとつで育てなければならなかった境遇に、母はとても心を痛め、私に同情を寄せてくれた。―仕事、子育てとは別に、モダンダンスに打ち込んできたことには未だに反対する母だが、そのダンス公演で知り合う機会を得た貴方には、母としても頼もしさや安心感やら覚え、私にとっても喜ばしい事態と感じたのだろう。

「この兜は、母の手作りです。娘をよろしくとの事だと思いますが、重荷にならないで下さいネ！」

母らしく、自らの作品を食器戸棚の上にでも飾れるよう納めたプラスチックケースの下に、私はメモ書きを書き添えた。

まだまだ書き足らない気持ちを、全て貴方に届けたい。荷物を持ち、半分立ち掛けたのをまた座卓に向かい、手紙の最後にこう記した。

「また北へ帰りますが、私の部屋はこの部屋のような気がしますヨ！　早く会いたいです。私の処へ飛んで来て下さい‼」

M

五月に入り、四ヶ月に及ぶ劇団の旅公演は、後半戦スタート。―静岡県内各地を一ヶ月半かけ回るコースで、最初の公演地となる浜松に来ている。地元の演劇鑑賞組織がしっかりしているお陰で、7日間で8ステージ打たせて頂くのだが、昨日何とか無事初日があいた。…二日目の今日は、夜公演まで自由時間がたっぷりあり、ホテルでの朝食後、ひとりお気に入りの店にやって来た。歩道と街路樹のある商店街の、とあるビルの二階にある『S』。アジア・エスニック料理専門との事だが、いつもランチ前の午前中に僕は訪れ、食事はせず、コーヒーとかたまにチャイなど注文《オーダー》し、小一時間を過ごす。エキゾチックなランタンや観葉植物のあるフロアの、窓際のテーブル席に座り、地方公演日程表やデスクダイアリーを開き、あれこれ整理したり、思いを巡らせたりするのだが…。舞台監督代行となってからの、連続的な状況の熱っぽさを落ち着かせ冷ますには、欠かせない場所《スポット》だ。

窓の外の街路樹が、ユリノキというのもいい。故郷の仙台の、僕が十代後半にグループ交際していた友達の通っていたM女学院、赤レンガの懐かしい校舎、それと向かい合わせに父の勤めた新聞社の本社があるK通りは、やはりユリノキ並木だった。…風にさやさや揺らめく、丸い袖を広げたような独特の葉の形は、遠く懐かしく、何となく甘酸っぱい記憶へ誘い込んでくれる。こうしたプライベートな時間に包まれ、振り返るこのひと月余り—。

先ず仕事の現場だが。…この二日間は、なかなかハードだった。一昨日、指定の列車よりも早く浜松入りし、劇場の下見。可動式の舞台で、客席に対しての高さを調整出来る機構な為、主催の方と思わぬ口論を交わす事態となった。主催の方は、最後列のお客でも良く観られるよう、最も高い舞台高さを要望、この件については、既に舞台監督さん（S先輩）から了承を得ているのだ、と主張された。勿論お客様の立場からすれば当然かとは思うが—。実際に基本舞台に今回の装置《セット》を当てはめてみると、この劇場《ホール》ではギリギリの奥行しか確保出来ず、前舞台に全く余裕が取れないのが判った。通常なら演技スペースの最前ラインと実際の本舞台の先端の間に、最低でも1ｍ弱程度の空間が欲しいところ。でないと、俳優が前舞台で演技しているすぐ先に最前列のお客様の頭があるような関係となり、—この高さは危ない、と瞬時に思えた。問題は、この危険感覚を言葉だけで適格に伝え切れない事だ。よく「共有感覚《コモンセンス》」と言われるが、こうした自分の中に沸き起こった「危ない」「怖い」という感覚は、現場を共にする裏方《スタッフ》や役者でなければ、実際の怖さを伴った感覚として共有し得ないに違いない。本番だけでなく、仕込みや舞台稽古となれば、スタッフも出演者も、何度も客席と舞台を往復する事になる。更に本番となれば、出演者にはスポットライトが当たり、舞台前へ出る際に自分の足元を目で追う訳には行かない。僕自身も今回の作品では、過去に下手

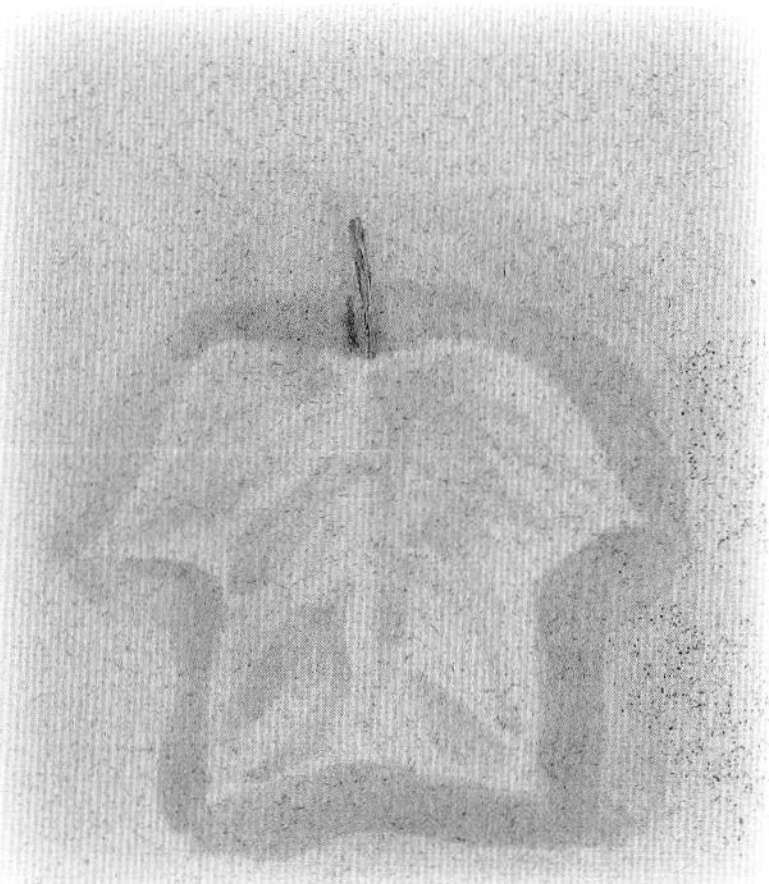

前袖から場面転換に出て、暗い中、台所の細かい小道具を次の場面用に入れ替える、といった役割もしたので、その距離感は判るが。もし何かの拍子に舞台から足を踏み外す、といった事故が起こったら――

（実際一ヶ月前には、スタッフ付きの演技部後輩が、搬出の際に左肘と骨盤を打撲するケガを負っている）最終的に、この件では「舞台監督権限」と言うか、劇団側が安全確保可能と判断出来る高さで妥協して頂くことになり、主催の方にはご不満を残してしまったかと思う。いずれにせよ、慣れた公演とは言え、九州コースの楽日から二週間の空きがあり、初日は、搬入、仕込み後、通し稽古があり、夜の本番を迎える過密さだった。短時間勝負では、時に強硬だったり頑固だったり…。仕事とは言え、何とエネルギーを要する事か…。

…四月の、九州コース後半の日々を振り返ると、人生の縮図のようなものを感じないではいられない。舞台監督のS先輩が、ご自分のリタイアで必要となった補充スタッフとして、元美術部で九州在住のO先輩に参加依頼されたこと。福岡公演の中途から自分に舞台監督が託され、その後飯塚、佐賀、佐世保と続く公演にO先輩が加わり、舞台袖でも楽屋でも、本当に楽しそうに働き、皆と語らい、休憩時間には劇場裏の斜面で野草を摘んだりするO先輩の姿を思うと、S先輩は、粋な計らいをされたと思える。…決して辞めたくて自ら劇団を去った訳ではない、と過去に、O先輩から僕宛てで届いた手紙の文面は、部会の席でS先輩も共有されていたので、今回、S先輩なりのO先輩へのある気持ちも、働いたのかも知れない。

O先輩とは、熊本での初日終演後、とある居酒屋で、名物の馬刺しを肴に、語らう機会が持てた。―君にも一月に小樽で打ち明けたかと思うが。以前、劇団仲間の結婚祝いの際に僕の手相を観てくれて「…ひとりの女性に雁字搦《がんじがら》めにされる」と占ったのがO先輩。―その後思い当たる女性との関係が占いの通りに推移してしまった事を打ち明けると、O先輩は何も言えず、黙ってしまわれた。ただ現在《いま》は君という存在が現れ、幸せに進んでいる状況を伝えると、少しほっとした様子で、―上手く行くといいね、と喜んでくれた。O先輩は、戦争中学童疎開を経験された世代、今回の主演男優T先輩は年齢《とし》の離れた兄貴分的存在にあたり、劇団で三十年にも及び数々の舞台を共にした事は勿論、釣りのお仲間だったりもしたので、思いがけずT先輩と旅公演を一緒することになり、余程嬉しかったようだ。―人吉で九州コースの千秋楽を迎え、翌日鹿児島空港から東京へ発つ際、見送る側となったO先輩は感極まったらしい。その後、T先輩が「Oの奴。女みたいにべそべそ泣きやがって―」と苦笑いされていたのは、何とも可笑しいやら、目に浮かぶよう…。

舞台監督代行としては、習うより慣れろ―、と我が身を鼓舞し、公演を重ねた。特に公演地毎に変わる劇場条件の対応については、先ず自分なりに各劇場の舞台平面図の上に舞台仕込み図を展開してみて、それで行けるかどうか、移動の列車内などで、美術チーフのMさん、照明のFさん等に確認して貰い、チームワークを支えに臨んだ。…合格点かはともかく、フル回転の日々。人吉での打ち上げを盛り上げたくて、九州コースの公演地を大分、田川、北九州と積み上げ、最後に人吉にたどり着く余興の為に、後輩のM君に頼み、わざわざ『ジェンガ』を取り寄せて貰ったりした。…君には、毎日の携帯や手紙に加え、長崎ではべっ甲のピアスをプレゼント用に買ったり、鹿児島では、人参の苦手な君の為に、人参抜きのさつま揚げを注文し、北海道へ送ったり。

…一ヵ月半ぶりの帰京。その日のうちに、行きつけの旅行代理店で、羽田―新千歳の往復航空券を購入。三日後、劇団で「文化庁在外研修」帰国メンバーによる座員への報告会の打ち合わせ、その後「演出部会」。その流れで、演出部のK先輩と、大久保駅前の地下にある居酒屋『U』で飲んだ。—K先輩は、ここ数年、僕が演出部長を務めた時期を含め、演出部の抱える問題について、何かと相談を聞いて頂いた頼れる存在。たまたま同じ球団のファンということもあり、よく「打ち合わせ」と称して所沢のS球場での野球観戦を共にしてきたのだが…。部長就任当時は、演出部先輩の他界やら退座やらが相次ぎ、現役人数が減り、一方劇団公演のスタッフ編成が決まる前に、他の劇団公演やプロデュース公演に演出部員がスタッフとして就いてしまうケースが続き、劇団公演のスタッフ不足を外部スタッフで補充する、という事態が常態化してしまっていた。結果、劇団の公演を支える演出部員の一部が生活苦にあえぎ、外部スタッフとのギャラの格差が解消されない等の問題に直面し、悶々と苦しんでいた。そんな時期、幾つかの改善策を捻り出し、代表取締役のU氏と直接交渉を重ねるのに、支えとなり、何かと背中を押してくれたのがK先輩だった。—そのK先輩から、研修先のストックホルムに「S先生亡き後の劇団を共に頑張り支えましょう」という熱いメッセージの手紙が届き、帰国後、僕は今後この手紙にどう応えられるのか、内心気になっていた。…実際、年明け間もなく君との出会いがあり、交際が始まり。—思いもしなかった進展があり、春到来—遠距離恋愛真っ只中の現在《いま》。僕はどうやら人生の分岐路に突き当たった、と感じるからだ。

—一つを得るためには、一つを失わなければならない。フランスの諺《ことわざ》だそうで、違う表現では、—二つの椅子には座れない、とも謂うそうだ。いずれにせよ僕には、この諺が人生である決断をせねばならない局面では、必ず顕れる真実のひとつだ、と思えてならない。

この自分の内面が抱える現実を、僕はK先輩にありのまま話さねばならなかった。

「…スウェーデン宛ての手紙には、共に劇団を支えましょう、とありました。その思いは大事に受け止めて、そうしたいと思っていますが。」

…極力穏やかに、言葉を選び、自分の気持ちを改めて整理する位のつもりで話そうとしたが、率直な本音は隠しようもない。君という存在が現れた経緯を打ち明けるに至って、僕の口調はかなり熱っぽさを帯びてしまった。

「…勿論、今すぐにではないですけど。出来れば近い将来、思い切って、新天地での彼女との生活に向かって、飛ぼうかと—」

君の出現が、僕にとって歓迎すべき事態だと、K先輩も受け取ってくれたのは確かだったが—。

「君には飛べるところがあっていいけど、俺には飛べるところなんかない—」

K先輩が、最後に返した言葉の強さは、おそらくK先輩自身に対して向けた気持ちには違いなかったが。—僕には、僕の今後に向けて、強い覚悟を促す言葉になったように、現在《いま》は思えてならない。


翌日、午後の便で羽田から新千歳へ飛んだ。一月に〝パートナー獲得大作戦〟敢行のため飛んだ時の、不安感や悲壮感を超えた開き直りというか、諦めでもない真っ新《さら》な心境とは違って、今回は闘いを終えた兵士のように、明らかに君の元へ帰る為の旅路と思えた。海を越え、眼下に広がる大地は、雪が消えた針葉樹林が続き、陽を浴びた銀色の翼は、胸の高鳴りを煽るかの様に、ゆっくりと下降のラインを辿った。何かの映画のオープニングではないが、観客の目にはまだ何者とも正体不明な主人公《ヒーロー》よろしく、平静を装い、機内から空港ビルへ移動。出発ロビーでフライトを待つ人々を低いフェンス越しに横目で眺め、階段を降り、預けた荷物を受け取り、到着ロビーへ—。携帯で連絡し合ってはいながら、東京駅の新幹線ホームで別れて以来、五十日ぶりで再会した瞬間の喜びを、どう表現したら良いだろう。まるで理不尽に離れ離れにされてしまった二人が、再び一緒にいる事を許され、本来の自然な状態に戻された、とても錯覚する程に。目の前に君がいる、現実…。

「おつかれさま。」

君の言葉で、日々蓄積されたものたちは氷解し、柔らかな気持ちで前を向く自分がいる。
君と並んでターミナルから駐車場へ。あの奇跡の三日間（？）の続編だろうか。君の車の助手席に乗り込み、君が選んで宿を予約してくれた太平洋沿岸のK温泉へ向かった—。

人生に二度ない胸踊るゴールデンウィークを過ごした。先ず僕が北海道へ飛び、K温泉で二泊三日、帰京し、三日後、今度は君が上京、同じく二泊三日、計六日の休日を共にした。…北海道では、君と初の外泊。二日目、室蘭の地球《チキウ》岬、登別温泉へドライブ、最終日は、登別温泉の奥の湯と呼ばれる大湯沼、地獄谷を眺め、新千歳空港内のイタリアンレストランで、別れの儀式のように生ハムのピッツァを食べ、夕方帰京。…二日の間、劇団で例会、翌日、第二稽古場のある通称M屋の二階座敷で「在外研修報告会」があり、同じく約一年、ロンドンに滞在した演技部のT君等と共に、僕は座員仲間を前に、スウェーデンでの研修報告を語った。—国の文化政策で演劇が主要な部門であるスウェーデンでは、公立から民間の劇場、劇団まで、助成金でシッカリと支えられている一方、舞台監督などのスタッフ、演出家、製作者等へのアンケート調査では、土、日は稽古は休み、夏季には最低二週間程度のバカンスを取る、というライフスタイルが当たり前で、演劇人としての最重要課題は、賃金、過労、労災や将来不安については少なく、仕事と家庭のバランスという課題に大半が集中した、云々。報告会の帰り道、劇団演技部の大先輩であるKさんから、「おまえさんの報告、よかったよ。」とお褒めを頂き嬉しかった。…五月となり、君が羽田へ着いた。その足で、JR飯田橋脇のお堀に面した水上カフェへ。夜風を受け、ビールを飲んでの語らい。翌日は、より懐かしい場所《スポット》となった高円寺のお気に入り居酒屋『T』、締めくくりに、大久保駅前のホテルKの最上階にあるバー『M』へ—夜景との再会。翌日の夕方、羽田から札幌へ発つ君を見送った…。

…少しずつ暮れてゆく空の彼方へ、君を乗せた飛行機が線を描き離れ去るのを脳裏に追い、一緒に飛べない現実を受け入れながら、後ろ髪を引かれる思いを振り切り、足早にターミナルを進み、やがてモノレールの車内の席に落ち着いた。…ベストのポケットから、そそくさとメモ帳を取り出すと、僕は湧き起こる思いをペン先に込め、走らせた—。

この六日間どれ程幸福に満ちていただろう
しばらくの間会えない切なさを抱えながら
でも贅沢で欲張りだから言うのではないけれど
この幸せがピークなのではない

身近なところで幾つもの恋が目の前を過ぎ
幾人もが幸福の頂点の上で永遠を誓いながら
時に年月や変化に疲れ果て傷つき
男と女はこんなもんさと言わんばかりに

たしかに僕は夢中だよ
というよりいまはずっと貴方を見ている
そうして僕は感じられる
やっと自分をさらけ出せた
やっと自分を愛してくれる女性とめぐり会い
その人のために僕は時間を費やせる

心を決めさえすれば
いろんな風はやわらかく受けられる
我慢強く耐えられる

貴方くらい受けとめてくれる人はいなかったのだから…

H

近代美術館2階のロビーのソファに掛け、私はガラス越しに広がる木々と空を呼吸した。札幌にも春が訪れ、貴方と過ごしたGWの余韻で、私もまだ高揚《ルンルン》しているが—。

訪れる人も少ない平日、新たな職場での講義で、新入生達に向け全エネルギーを出し切った放課後、自分を休ませ、落ち着かせるには、此処の空気の穏やかさと透明感が欠かせない気がする…。

目を瞑《つぶ》り、日の光の暖かさを全身に受け止めてみる。それからゆっくりと、自分に諦めを促すように、今日までずっと手付かずのまま過ぎたある〝宿題〟に思いを合わせた。

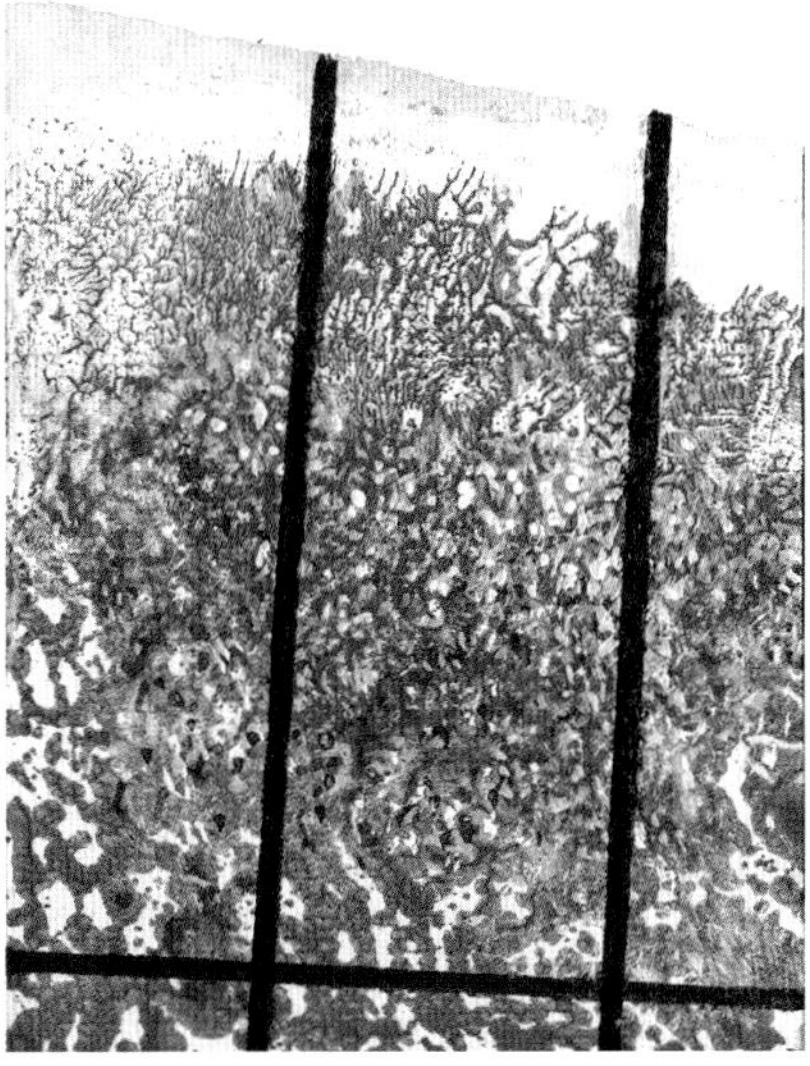

—三ヶ月前、中野のカフェで貴方に打ち明けたダンスのソロ作品の発表が、いよいよ一ヶ月後に

迫っているのだ―。

…バッグからノートを出し、真っさらなページを開き、ボールペンの先をギュッと握りしめ、空白を見つめた。

…これまでの自分なら、先ず使ってみたい音楽や物語の一部からアイデアを探し出し、そこでイメージされる主人公《ヒロイン》に自分を近づかせる方法を選択したに違いない。―だが今回は?

…自分を踊らせたい。ありのままの自分自身を、過去から今日までの―。

そうした欲求のようなものが、いつからか私の内側でずっと静かに疼いてきた気がする…。

まだ漠然とはしているが、あの日貴方がくれたアドバイスが、私にヒントを与えたのか。

「…たとえ漠然としたものでも、それがアイデアであれば、大切なテーマを抱え込んでいるはずなので、そのテーマが何かを掴めさえすれば、きっと作品は出来ますよ。」

…貴方が言う「大切なテーマ」とは?

それを現在《いま》的確な言葉で纏めることは出来ないが、イメージは呼び起こせそうに思える。

私は息を吸って、構わずにページの真ん中に×《バッテン》を記した。その交差する点の上に蹲《うずくま》った私が、想像のステージをどんな風に動き出すのか、―ボールペンの先に任せよう…。

…蹲る。踊り出す直前の私は、その姿でしか想像出来ない。…夫を亡くし、その状況に打ちひしがれた頃の私。残骸のように生きる気力を奪われ、身も心もボロボロになっていた。だのに、子供達には母親であり続けなければならない、その現実からは、逃れられない…

ボールペンが止まり、過去の場面、場面が不意に蘇った。

…ある日。アパートのリビングに三人の子供達を集め、四人全員で財布を出し、食卓の上に持ち金全部を出させた。

「いい？　今の私達には、これしかお金が無いの。―明日からどうやって暮らそうか？」

…真剣な問いかけではあったろうけれど、まだ長男も長女も中学生だと言うのに、そう切り出すしかない追い詰められた自分が居た。

…また別の日。―役所である証明書類を申請した私に、窓口の女性職員が、私の家族構成を見るなり、いきなり意地の悪い質問を返して来た。

「生き別れ？　死に別れ？」

―興味本位で、まるで他人の不幸を弄ぶような軽い言い方に、私は一瞬身体が凍りつくかのような寒気を感じ、立ち尽くした。怒りを通り越し、真っ白になり、そのまま倒れそうになった。…その女の能面のような言葉は、その後も脳裏に現れ、私に襲い掛かった。

…気がつくとボールペンは、二度三度引きずられたような歪んだ線を描いた処で、ストップしたままだった。―ダンスのポーズや流れ、動線をプランしたい私だったが、具体的な過去の辛い記憶に、作業の行く手を拒まれるような膠着状態に陥った。このまま気が滅入る一方では、先へ進まない。第一私は、作品で過去の出来事を写実的に並べて表現し、説明したい訳ではない。私は何を踊りたいの？

…ノートから目を離すと、旗竿の旗や木々の若葉が日を浴びて、風でやわらかく細かく揺れているように見えた。何も考えず、暫く眺めている間に、ある考えがボンヤリ浮かんだ。

——過去へただ戻るのでなく、現在《いま》の私が、過去の自分を見つめたら、どう見えるのだろう？

——ついさっき襲われた辛い記憶の幾つか、昔の自分が、その現実にぶつかったら？

——心は、瞬間的に逃げようとする。だが身体が、ある強権的な指令に過敏な反応をするまま、反発して、無理やりに現実に対峙し、立ち向かおうとする。でも辛い、逃げたい…。

弱り切ってカラッポな私と、背伸びして闘う私——。壁や、見えない雨風や、重圧にあっちこっちで襲われ、翻弄され続けた日々…。

…ボールペンのCMではないが、空白だったページは、連続したグジャグジャな線で埋められた…。——壁、雨風、重圧といったものは、現実では、役所、銀行、亡夫《パパ》の職場、病院、職安だの、それから食べ盛りの子供達との生活、それらの葛藤だったに違いない…。

だがともかく、イメージは、心も身体もバラバラだった自分の、まだ先が見えない混沌の絵になった——。


··

同じフロアにあるレストランへ移り、コーヒーを飲みながら、その先の展開に想像《イメージ》を膨らませた。…腰を落ち着けた途端、心は貴方への思いに浸りそうになるが、今日だけはこらえた。——先ず〝自分史〟での展開で言えば、ダンスとの出会い、という大きな転換期になるか。…最初に末娘が習い事として現在《いま》の舞踊団の幼児クラスに入り、一年目は送り迎えと見学だけの関係だったが、ある時ママさんバレーで腰を痛めたのがきっかけで、若先生から、リハビリのつもりでレッスンを受けてみないか、と誘われ、一年遅れで、私も舞踊団へ入団した。以来、十年余り経過したが…。

ドイツの優れた理論による「身体育成法」と呼ばれる基礎メニューは、先生がよく——一年で体格が変わる程、合理的に身体《からだ》を鍛え、さらに想像力をつけさせるメソッド、と紹介している。入りたての私にとってのそれは、理不尽な程辛く、厳しいものにも感じたが、いつの間にか気がついてみると、心と身体《からだ》が根本的に組み直される、というか、劇的な変化で生命《いのち》が蘇生した、そんな実感へたどり着いていた。…それから、心の不安定や極度の落ち込みやら抱えながら、訳も判らず、先立つ家事、仕事、雑事に引きずられるようにのたうち回っていたような日々が、家での子育て、生活の為の仕事、自身を鍛え救う為のダンス—と言った具合に、三つの拠点を柱に、規則的に回転するように変化させることが出来た。

—我が身を忙しくしていないと不安で落ち着かない、持って生まれたこの性分は、多分今後も変えられないながら、亡夫《パパ》という大きな支えを突然失った後の私は、こんな風に翻弄され、思わぬ救いの手を得て、どうにか立ち直って来た。

…何となく、貴方が言うテーマではないが、私は今回の作品で、自分という者の生生しい生き様を、その時々の感情に任せ表現する、ということではなく、私がこれまでの日々を辿ってきた私を、少し遠くに置いて、ありのまま、だが大きく、柔らかく、包み込むように眺め、そして寄り添ってみよう。

…きっとその世界は、言葉のない絵本のように、物静かに展開し、一枚ずつの絵である私が、息遣いや、さし出す手や、踏み出す脚やらで、現在《いま》の私に語りかけるに違いない。

レストラン、美術館を出て、いつも車を停めている職場の隣りの駐車場へと歩いた。歩道の並木の若葉、これからも毎日日が長くなる空の明るみにホッとしたものを感じ、ふとこんな思いが過ぎった。

—もし貴方に出会わなかったとしても、私は日々の忙しさに翻弄されながら、これまでの生活を続けて行くに違いない。

…確かにこの十二、三年の間に、生活はいつの間にか独楽のように、回転をし始め、加速して来た。―エステティシャンとしてのキャリアも積み、長男、長女は成人し、二人とも私と同じように早く結婚し、この二ヶ月先には、二人目、三人目の孫が、ほぼ同時期に産まれようとしているのだ。…安定とまで言っていいのかどうか、判らないが。少なくとも、この暮らしのリズム、サイクルをもたらし、支えてくれたのは、間違いなくダンスの力だろう。…独特の育成レッスンを通じて、私の心と身体は、根本から基礎改修工事を施され、バランスを取り戻した。―更に、私自身を自覚出来る、シッカリとした中心軸のようなものが、身体《からだ》から築かれた、そんな気がする。

そうして毎年の公演作品づくりを通じて、ヒロインとなる先生と、共に踊る群の仲間との間に、いつの間にかある感覚が感じられるようになった。―呼吸、距離、リズム、テンポ、それを共有し、流れに応じて対応する感覚。…それによって、互いを認め合い、時に鼓舞しながら、一度切りの本番に向け、研ぎ澄まし、一体化し、その中で自分というポジションを誇らしく生き抜こうとする。舞台の空間に立つ神聖さも、先生が放つ厳格さ、豊かさ、繊細さも、群から生まれる包容力も含んだ…。

総て、先生、若先生たちの情熱、力で、引っ張って頂いた結果なのだが、それだけ私も、仲間と一緒に夢中で挑み、駆け回ってきた…。

その私が、貴方と出会い、全く想像もしなかった季節を迎え、現在《いま》では、遠い旅の空のように、毎日思いを募らせているなんて…。

…どうやらソロ作品のイメージも、ラストの方へ向かい始めているのかも―。

職場の前を横切り、最近親しくなった駐車場受付のオッチャンに軽く会釈をし、時間を確かめ、心のチャンネルをダンス・モードに切り替え、愛車へ乗り込んだ。

―いざ、円山の稽古場へ。今日は一時間早く入り、先ず先生のマッサージからスタート…。仲間うちでは、先生への畏怖と親愛を込めて、稽古場のことを「虎の穴」と、秘かに呼び合っている。

…いつもは集団でのたうち回る弟子たちが、今夜からは、一人ずつソロでしごかれる、とまぁ…。覚悟、GO!

…「虎の穴」での稽古を終え、いつものように仲間のYちゃん等を各々の自宅まで送り、やっと自分のマンションへ戻った。もう零時近い。—稽古場では、ソロ作品のアイデアを一人ずつ発表。私は、自身の半生だとは語らず、—何となくここ最近思い描いてきた自作のメルヘンのようなものだ、と前置きし、心にある場面、場面の幾つかを、フルコースのメニューのように並べてみて、何とかその局面は乗り切った。タイトルは未定、としたが、先生、若先生、仲間たちも、私自身については熟知しているので、…打ちひしがれ、流れに乗ろうともがき、飛ばされ、…深い井戸のような処に落ち込み…、不思議な風たちの力で、引きずられ、伸ばされ…蘇生し…という展開は、私らしい真実味がある、と素直に受け止めて頂けた印象だった。来週からは実際に動き、ポーズや位置取りなど、容赦なく、細かい指導を受けながら、作り上げることになる。

五階の自宅に着くと、リビングに灯りが燈っていて、末娘が食卓にテキストやノートを広げ、宿題と格闘中だった。…私は邪魔をしないよう、娘に手で合図して、そのままシャワーを浴びに、バスルームに落ち着いた。

…いつにも増し高揚した気分もあり、温かなお湯で、少し強めのシャワーを浴び、爽快だった。バスルームを出、髪を拭きながら、そっと食卓を横切り、冷蔵庫へ。冷えた缶ビールを出して、先ず隣室の仏壇の亡夫《パパ》に捧げ、それからリビングへ戻り、一口ビールを飲んだところで、携帯が鳴った。貴方から—。

「宿題終了! 来たぞ来たぞ…」

急いで娘が立ち上がるのを、軽く手で制して、ベランダ側の窓際へ離れ、電話に出た。

…電話を終えると、末娘が大人しく座っている。

「…Yちゃんからドーナツ頂いたわよ。付き合いなさい…」

包みごと手渡すと、

「ラッキー！　ご褒美だ！」

と飛びついた。私も、ドーナツとビールがマッチするのかは気にせずに、細長い箱から一個選んで、一緒に頂いた。

「…すっごいラブラブ。」

食べながら、貴方との電話について、末娘が半ば呆れ顔で私をからかうので、

「…まあね。」

と私も、軽くかわしてみせた。

末娘に言わせれば、貴方との電話になると、私の声は一オクターブ近く高くなるらしい。そう言われても、貴方とのお付き合いも五ヶ月になるし、今更繕えるものでもないだろう。

私は話題を変え、今夜のソロ作品発表の経緯を、末娘に話して聞かせた。

「…ふーん。面白そうじゃん。」

二個目のドーナツに手を伸ばしながら、末娘も興味を示してくれた。

「もし良かったら、本番手伝って欲しい。」

「どんな風に？　一緒に踊るのはヤダよ。」

「ソロ作品だから…。今考えているイメージは、最初から最後まで、BGMなし。ただし、不思議な風たちのシーンだけ、生音で鈴の音を入れたい…」

……………………………………………………………………


「鈴?…チリチリン、て?」

「チリリン…。リリン…、かな。」

「私、じゃ音響さんなんだ…」

「そういうことね。」

「いいよ。」

―話が付き、私も二個目に手を伸ばした。

「ねえ。…不思議な風たちって、何なの?」

「…作品の主人公《ヒロイン》を蘇らせたもの。」

「ふーん。ひょっとして、―さん?」

「ちがうちがう。―さんは、もっともっと後《あと》」

「後って…」

「まあ。ラストの方かな…」

「へへえ…。そういう世界ってことか―」

末娘も、彼女なりに作品イメージを了解出来たらしく、勉強道具を抱え、何処となくニヤニヤしながら立ち上がった。

「お母さんは大変ね…」

「え? 何が?」

「いや、何でも。―冷蔵庫に、ツナサラダと肉ジャガ、あるわよ。」

「いつも済まない。サンキュウ。」

「じゃあ。おやすみ。」

「おやすみなさい…」

末娘が自室《へや》へ去るのを、手を振り見送った。

末娘手製のツナサラダ、肉ジャガを食べ、心身共に落ち着いた。ひと息つき、寝室へ―。

…横になり、枕元に置いてあるポケットアルバムを手にして、先日貴方が送ってくれた写真に目を通した。…GWに先ず貴方が北海道へ飛んで来た際の、地球岬、登別温泉、地獄谷などの写真。それから、例の「地方公演日程表」を開き、貴方が今夜何処にいるのかを、文字でもって確かめた。…携帯でも話してくれたが、静岡コースの最初、浜松での一週間の公演も中日《なかび》を過ぎて落ち着き、昼公演が続くので、夜はお得意のお気に入り居酒屋探しをしているが、昨夜は話題の映画『恋におちたシェイクスピア』を観て感動した、とか。今度パンフを送ってくれるとのこと。…お奨めの映画とのことで、何だか、観る前から甘く切ない気持ちに陥りそうだが…、楽しみだ。

目覚ましをセットし、灯りを消し仰臥したが、末娘が口にした「大変ね。」という言葉が気になった。―あの子の眼に、私はどう映っているのだろう…。

…私は十代の頃、育ったS町では、何の根拠もないまま、クラスメートたちに〝不良〟呼ばわりされた。それでも、特に開き直った訳ではないが、備わった負けん気で、さして気に留めず乗り越えてしまったのだろう。別に〝不良〟と呼ばれる行為もしていないし、そう言われたことで、自身を過少評価することもなかった。

今回ソロ作品をプランしながら、気づいたことだが、私はどんな年代、状況でも、向き合う現実に対して、自分が感じるまま、思うままに挑んできたのに違いない…。

だが、そういう自分自身を、今回私自身が少し離れたところから見つめるのとは別に、子ども達は子ども達なりに、私を見てきたのだ…。

長男も長女もそうだが、亡夫《パパ》を失ってから今日まで、特に末娘は、私に近いところで、ずっと私を見てくれていた…。

先日、GWに私が東京へ飛んだ際、飯田橋の水上カフェで、貴方が語ってくれたことが、ふと頭に浮かんだ。—旅公演で、居酒屋探し以外に、何か特別な体験は出来たか？という私の質問に、貴方は各地の美術館巡りを挙げ、話してくれた。—自然の景色や、古いお寺、仏像などもそうだが、美術館でも、その土地でしか出会えない絵や彫刻がある。…倉敷の公演で、大原美術館を訪れた時、ある不思議な体験をした。マティスの『画家の娘』という絵を観た時のこと。…描いたのは当然画家であり父であると思われるマティスだが、絵を観ていると、モデルを見ている画家よりも、父を見ている娘の眼を強く感じ、その絵の生命感、画家と娘の距離感など、想像が働いて、とても新鮮な感慨を持てた…と。

貴方の話を重ねながら、末娘のことを思い返した。…幼児クラスではあるが、ダンスでは私より一年先輩で、以来同じ舞踊団に通い、現在《いま》は同じ公演の舞台に立ったりもしている。その彼女が成長し、高校生になるまでの過程で、当然私の最も身近なところにいて、私自身の気がつかない変化や、状況ごとの反応、行動、心の状態など、良きも悪しきも、いちばん肌で感じ、都度直接影響を受けてきたはずなのだ。…何という希少な眼差しが、私の最も身近な位置《ポジション》に在ったことか—。

—あの子たちには従おう…。

ふと自身に素直さを促す気持ちが、静かに柔らかく、温かく流れた。

母として…職業人として…ダンサーとして…女として…これからも翻弄され続ける私…見つめる子ども達の目…それを感じながら…私は…進むだろう…流れに…まかせ…うねりのままに…。ふーん…いいタイトルかも。


ひと月後。

六月に入り、札幌も夏へ。―いよいよ本番当日、出がけに郵便受けを開けると、貴方から手紙が届いていた。本当なら午前中からお昼にかけてはゆっくり出来る予定だったが、昨晩急に職場へ出ることになり、車の中で貴方の手紙を読む余裕もない。職場での用件というのは、美容科の不登校の学生とその保護者との面談がセットされ、問題の学生の若い担任講師から、私に同席して欲しいとの依頼が来たのだった。…幸い面談は一時間程で終わったが、何かと気弱で曖昧な保護者に向けて、母親としての私の体験談を語らねばならない局面もあり、一気に消耗した気分に陥った。―まだ話したそうな若い同僚とは、週明けに食事する約束をしてそのまま別れ、気分転換に円山公園へやって来た。

池の畔のベンチが空いていたので、落ち着くと、末娘に先ず携帯で電話し、稽古場へ入る前にランチを一緒する場所と時間を確認した。

…面談が尾を引いている訳ではなかったが、体内の空気を一新し、心を真っさらにしたい気持ちに急かされ、目を閉じて、二、三度深呼吸をした。ついでにソロ作品の流れを、スタートからラストまで、ゆっくりとイメージ・トレーニングしてみることにした。十代の頃に観た『白い恋人たち』という冬季オリンピックの映画の一場面のように、アルペンスキーの選手たちがこれから滑るコースを片手でうねうねと予習していた、あんな風に…。

果たして、フィギュア・スケートのように、流れに乗って切れることなくラストへと盛り上げて行けるのか、判らないが、このひと月の、先生、若先生、末娘らと取り組んだ積み重ねを、信じる以外にはない。そう自分に言い聞かせ、今日という日をダンス・モードへと落ち着かせた。

…木の葉のざわめき、公園内を行き交う人の声を聞きながら、陽射しできらめく水面を眺め、思い出したように貴方からの手紙をバッグから取り出し、封を切り読んだ。

―長い旅公演も、やっと残り四ケ所となり、今月末には一週間札幌に滞在することを決め、初めてウィークリーマンションを予約してみた、とのこと。…沼津からの速達だが、バーベキューパーティの打ち合わせなどにも追われ、忙しそう。手紙の最後に、「三島市民温水プール前にて」と結んで、プール前の公園で作ったらしい貴方の詩が記されていた。

…エノキの下に寝転んで
ひんやりベンチに背を伸ばし
さやさや風に揺れるまま
小さい葉っぱが陽に透けて
枝が幾つも広がって
心は遠くに運ばれて
てんとう虫が腹を這い
フッと息吹き草へ追い
空はグングン果てしなく
大きく僕は吸い込んだ
いつの日かいつの日か
夢は貴方と離れずに
いつどこまでも離れずに…

…貴方の詩を、身体いっぱい吸い込み、私も人目はばからず、ベンチに仰向けになってみた。…こちらも、果てしない空。…貴方の詩と、…私のソロ作品と、…どうかデュエットのように、今夜重なりますように…。

夜。リハーサルを終え、開場時間になり、稽古場には、先生、若先生、舞踊団員、関係者の他、出演者の家族、友人等も集まった。末娘も、ステージとなる区域のすぐ近くに座っている。特に料金を頂いて公演という訳ではない座内発表会なので、身内の空気というか、和やかな雰囲気で満ちてはいるが、出演陣は一様に緊張し、私もいい意味で張りつめている。私の出番は、九人中七番目、持ち時間は、十分以内。成人クラスの若い仲間から順番に発表して行く間、私はひたすら後半からラストのイメージを反復し、それに向かって気持ちを集中して行くよう自身を鼓舞した。

…特に点数が付く訳でも、何か賞が出る訳でも、ご褒美公演がある訳でもない。目的は、あくまでも団員個々を鍛え、レベルアップを促し、各々の創造性を広げ、より豊かになろう、との主旨—。だからこそ、私には特別の機会ともなり、純粋に自分のために踊れる…。

…前半の五作品を終え、短い休憩があり、後半発表の二番目。—とうとう私の名が紹介された。タイトルは『うねりのままに』—。

…客席とフラットな床面の舞台に進み出、シーンと水を打ったように場内が静まる中、一度ライトが消され、暗闇に包まれた。…私は舞台中央に蹲り、始動のポーズに入った。…カウントでライトが当たり、無音の中で、私は自らの体内で打つリズムに添って、動き始めた。

—風。私だけに聞こえ、感じる風に反応して、やがて身体《からだ》が、その風との絶望的な闘いを始めた。…風、今度は背中に。…風、斜めから、暴風…。…風が分厚い壁になり、当たると飛ばされ、容赦なく無数の風が多方向から吹き付けるまま、体内がバラバラに反応し、煽られる。…地面からも突き上げられ、カラカラに干からびた私の心…為す術なくカラコロ転がり…風が…風が…心を持ち去り…身体から離れ…届かない…立てない…動けない…。

―気が付くと。井戸の底に落ちたよう…。真っ暗な冷たさに…私は放置され…。呼びかけるが…返事もなく…反応もなく…諦める…。

と。（鈴の音）…微かに、鈴のような…。夢かと思い…諦めると。（鈴の音）…音のあり処を探すように、顔で見回すと…。倒れている私から少し離れた処を…スー…ハー…深く呼吸をし、ゆっくりとした歩行で過ぎる不思議な風たちが行き過ぎた。…幻だろうか。と（鈴の音）…スー…ハー…。別の方から。…スー…ハー…。今度は私の真上を―。見えない軌道を描き、不思議な風たちが、ゆったりと吹き抜けた。…スー…ハー…。

私の身体が真似て反応し、指先が小さく、ゆっくり、アーチを描こうとした…。（鈴の音）…また不思議な風たちが、私の片手を踏みそうな程近くを通り過ぎ。…スー…ハー。呼吸を残し、行き過ぎ。（鈴の音）…反応するまま、私の腰から上が、指先方向に引かれるままに、起き上がる―。…スー…ハー。不思議な風たちが…、私の周りを円を描き、ぐるりと吹き抜け…（鈴の音）…気が付くと、私は両の手に、失ったはずの心を取り戻し…。その嬉しそうに、生命《いのち》の温みが蘇った証を、わが子を寒さから守るように、後生大事に、…そっと体内に納めた。…スー…ハー。（鈴の音）不思議な風たちが、遠のき、各々の方向に去るのを私は見送りながら…。（鈴の音）…スー…ハー。私は深く、新しく呼吸をし…、フワッと風に吹かれるまま、回転ドアのように回り出した―。

…もう鈴のような音は聞こえない。でも自身の脚で、自身の指先で、様々な風の流れに乗ろうとしながら。…スー…ハー。呼吸し、回転を続ける。…背中を引かれ…横から押され…飛ばされそうな風もあるが。―心が身体から離れなくなった私は、回転を続ける。…一年も…三年も。…そうやって…。…五年も…七年も…。

そうしてある日。回転を続ける私の指先に、何かが触れた―。一瞬時が停まり、きらめきにも似たショックが背中を走り、…その感覚に後ろ髪を引かれながら…回転する私。…風が上の方から、斜め上から、…吹いては消え、何度もやわらかく、私の指先を吹き抜ける。回転しながら、身体は上へ…。目には見えない、リボンの帯が…、クネクネ風に巻かれながら…よじれることなく…大きく、柔らかく、渦巻きとなって…、上へと昇って行くのを…、指先が追いかけ、…回転しながら、私は上へ、回りながら…螺旋階段のような軌道を描き…、上へ…上へ…。

…風はやわらかく…風はやさしく…私を力強く…更に上昇へと持ち上げ。…見えないがきらめき…聞こえないがささやき…答えないがうなずき。…上へ…回りながら…私は身体《からだ》に新しい空気を吸い込む。…回りながら…私は心に…新しい行き先を予感させる。…上へ…回りながら…上へ。…微かだが…上で光が…回転をしながら…私は…指先を…その光へ…身体《からだ》いっぱいでさし出した…。—

(了)

むすびに

スウェーデンから帰国後、年明け早々の「プロポーズ大作戦」慣行が、思わぬ〃遠距離大恋愛〃となり、それから二年後の春、私はパートナーの暮らす札幌へ大ジャンプしました。ジャンプ台へたどり着くまで、幾つか試練はありましたが、出発前には、文学座の皆さん、スタッフ仲間や友人など、温かく送って頂き、何より励みとなりました。

今年は東日本大震災から丸十年、昨年からのコロナ禍も続き、真さに「一寸先は闇」。異常気象などの一方、デジタル化の進む世は「諸行無常」。また年齢を重ねる毎、「サヨナラだけが人生」を痛感しています。

とは言え、札幌へ移転後も、ご縁をきっかけに、文学座時代とはまた違った芝居づくりの現場や、劇場、文化施設での仕事と出会いました。

札幌でのこの二十年については、別の機会にお伝え出来ればと思いますが。ただ〃運命の出会い〃というか、移転直後、人形劇団えりっこの竹田洋一さんを介して、岩崎義純さんとお会い出来たことが、今日の札幌での私のキャリアの原動力となりました。やまびこ座、こぐま座でのプロデュース人形劇の脚本、舞台監督をスタート地点として、その後、コンカリーニョ、阿寒湖アイヌシアター・イコロなど、仕事場の〃拠点〃も繋がり、広がり、多くの方との出会いがありました。その岩崎さんですが、一昨年秋に重い病で旅立たれましたが、私はその三ヶ月前にお会いし、思い切って今回の出版企画を打ち明け、相談先を薦めて頂いたような次第です。

そんな訳で、最後となりますが、今回の出版にあたり、かりん舎の坪井圭子さん、スタッフの皆さんに大変お世話になりました。この場をお借りし、心より御礼を申し上げます。

北海道へ送る会　文学座の皆さん

■プロフィール

遠州　まさき（本名・雅樹）

1953年（S・28）宮城県仙台市生まれ

国立宮城高専　金属工学科卒業

プーク人形劇アカデミー 文学座付属演劇研究所を経て

1982年（S・57）劇団文学座　演出部　座員昇格

2001年（H・13）劇団文学座を円満退座　札幌市へ移転

ドラマ・キッチン（脚本、舞台監督等）として

やまびこ座・こぐま座プロデュース人形劇担当

2014年（H・26）～あけぼのアート＆コミュニティセンター勤務

NPO法人コンカリーニョ理事

日本舞台監督協会、国際演劇協会、

文化庁芸術家在外研修員の会　会員

主な作品

「奏でられないカルテット」（1991）

「トトコとまほうのなかまたち」（2002）

「シンデレラ」（2004）

「ふんだりけったりクマ神さま」（2011）など

その他

1997年10月～98年９月

平成九年度文化庁１年派遣芸術家在外研修員としてスウェーデン、ストックホルム市に滞在

札幌移転20周年記念
2001ぼくがSAPPOROへ飛んだワケ

2021年10月11日　発行

著　者　遠州まさき
〒063-0863
札幌市西区八軒3条東2丁目3-7-408
TEL　011・613・6816

制作／発売　かりん舎
札幌市豊平区平岸3条9丁目2-5-801
TEL　011・816・1901

ISBN 978-4-902591-43-9